成功する人は、なぜ、墓参りを欠かさないのか？

千田琢哉
Senda Takuya

SOGO HOREI PUBLISHING CO., LTD

プロローグ　成長者に共通するのは、畏怖《いふ》の念。

もはや現代社会では死語になってしまったのではないかと思える「畏怖の念」。畏怖の念とは、永遠に及ばない絶対の存在に対して人が抱く感情であり、その存在の前では常に謙虚《けんきょ》になれるものだ。

宗教であればそれは神であり、科学であればそれは自然界となる。

否、正確には世界トップレベルの科学者の中にも信心深い人は数多くいる。事実、世界ではノーベル賞級の学者たちが、こぞって神の存在を信じて教会に通い、畏怖の念を抱いている。

日本でも、今から30年以上前の東京大学の国語の入試問題で、木村敏《きむらびん》の『異常の構造』から抜粋《ばっすい》した問題文が出題されて話題になった。

氏は医学博士であり、京都大学名誉教授という学界の頂点に君臨《くんりん》する権威《けんい》だ。

そんな一流の科学者が、

「真の自然とはどこまでも奥深いものである。自然の真の秘密は私たちの頭脳でははかり知ることができない」

と30年以上前に断じている。

自然が人に見せてくれている規則性や合理性というのは、単なる表面的な仮構《かこう》に過ぎず、本当の自然界は大いなる偶然の賜物《たまもの》であるという内容だった。

科学者には「渾沌《こんとん》」という言葉を座右《ざゆう》の銘《めい》とする人は多いが、これも根っこは同じだ。

渾沌（カオス）とは、紀元前の中国の書『荘子《そうし》』の中に登場する「渾沌、七竅《しちきょう》に死す」に由来している。

渾沌とはノッペラボウという意味であり、無秩序な状態のことだ。

もともと自然界とは無秩序なものであり、そこに人間が、自分たちに都合のいいように「言語」や「数式」といった秩序を与えて、わかったような気になっているだけなのだ。

換言《かんげん》すれば、偉大なる自然界は、人間に対して一時的にあたかも合理的であるかのように無邪気《むじゃき》に演じてくれているに過ぎない。

こうした自然界に対して畏怖の念を忘れると、環境破壊に陥って人命が脅《おびや》かされたり、原発事故が発生して慌《あわ》てふためいたりすることになる。

これまでに、私が出逢ってきた3000人以上のエグゼクティブたちの中でも、とりわけ長期的な成功者、つまり**〝成長者〟たちが共通して持っていたのは、この畏怖の念だ。**

人によって畏怖の念の対象は様々だったが、形而下《けいじか》の存在だけではなく形而上《けいじじょう》の存在も認めていたという点では、見事に一致していた。

何かに畏怖の念を抱き続けられる人が、成長し続けることが許される人なのだ。

2017年7月吉日　南青山の書斎から　千田琢哉

CONTENTS

第1章

長期的成功者が欠かさない、墓参りに秘められた驚きの法則

第2章

寺や神社にお参りすると、なぜ運がよくなるのか？

第3章

慈善活動は、目に見えない世界のバランスを整える働きがある

第4章

目に見えない大いなるものに対する「畏れ」が長期的成功のカギ

第1章

長期的成功者が欠かさない、
墓参りに秘められた驚きの法則

01

絶体絶命の瞬間に
人が合掌《がっしょう》するのは、
自然の摂理《せつり》。

あなたは何か困ったことが起きた際に、無意識のうちに掌《てのひら》を合わせたことはないだろうか。

あるいは、途轍《とてつ》もない幸運に恵まれた際に、無意識のうちに掌を合わせたくなる衝動に駆られたことはないだろうか。

もし、海外の「無音・無声映画」を鑑賞していたとしても、登場人物が掌を合わせるシーンがあれば、それだけでその状況が把握《はあく》できるはずだ。

つまり、**合掌するという行為は、我々人類にとって言語を超越《ちょうえつ》した本能なのだ。**

合掌するという行為は、誰から教わるわけでもなく、猫が背中を丸めて威嚇《いかく》するように、あるいは恐怖を感じた犬が吠えるように、私たちに先天的に備わっているものなのだ。

言語学者のノーム・チョムスキーの「人類は先天的に言語を獲得するための装置（＝普遍文法《ふへんぶんぽう》）を備えており、だから幼児はスラスラと言語を習得できるのだ」という仮説は、合掌にも当てはまるのではないか。

人類にとって、合掌は自然の摂理というわけだ。

合掌すると、氣の巡りが良くなると唱える専門家もいるかもしれない。

合掌する姿勢は、心臓を守る行為だと唱える専門家もいるかもしれない。合掌する姿勢は、周囲の人々に安心感を与えると唱える専門家もいるかもしれない。

いずれにせよ、合掌という行為が人にとって不可欠であることは間違いないようだ。

合掌が自然の摂理である以上、我々は自然の摂理に則《のっと》って生きることが望ましい。

自然の摂理に則って生きるということは、宇宙と繋がるということであり、大河の一滴として人生をよりスムーズに進めるコツだからである。

墓参りをして合掌しない人はまずいないだろう。

つまり、墓参りをすると人生をスムーズに進めることができるとすれば、その理由の一つとして合掌せざるを得ないからだと考えることができる。

私個人としては、合掌をするとどこか謙虚な気持ちになり、心臓の鼓動《こどう》と呼吸を整えることができる。

少なくとも、合掌して悪いことは何一つ起こらない。

合掌して悪いことは何もなく、良いことしか起こらないのであれば、やったほうが賢明だ。これだけ良いこと尽くしなのに、のん気に学問的根拠など待つ必要はないだろう。

合掌は、我々人間にとって、不可欠なもの

02

すべての感謝は、先祖から始まる。

「ありがとう」と唱えることは、とても大切なことだ。

ところが、いくら「ありがとう」と言われても、何も気持ちが伝わってこない人がいる。

それは「ありがとう」が無機質《むきしつ》な言葉だけであり、心が籠《こ》もっていないことが伝わるからだ。

もちろん、心が籠もっていなくても「ありがとう」と言わないよりは、言ったほうが断然《だんぜん》いい。

感謝しているけれど「ありがとう」と口に出して言わないのと、感謝していないけれど「ありがとう」と口に出して言う人がいたら、現実社会では後者《こうしゃ》の圧勝だ。

これはもう間違いない。

しかし、あなたに伝えたいのはもうワンランク上の話だ。

どうせ「ありがとう」と伝えるのであれば、本気で感謝している気持ちも一緒に相手に伝わったほうが、充実した人生になるだろう。

もちろん大声で安っぽくお礼を言うのではなく、やや小声で力を籠めながらお礼を言うほうが、より感謝が伝わりやすいなどのテクニックは存在する。

だが、テクニックは所詮《しょせん》テクニックに過ぎず、いずれ化けの皮が剥《は》がれる。

安っぽいメッキと同じで、剥がれて本性《ほんしょう》をさらけ出すと、そのギャップで本来の自分よりも過小評価されてしまう可能性だってある。

言葉だけではなく、本質的に相手に感謝を伝えたければ、あなたが先祖に感謝することだ。

すべての感謝は先祖から始まるのだ。

身近な先祖としては、まず親がいるだろう。

親に感謝できていない人は、誰に対しても本質的に感謝を伝えることができない。

あらゆる人間関係は、自分と親との関係の応用版だからである。

読者の中には、ひょっとしたら事情があって親を赦《ゆる》せないと憎悪《ぞうお》の念を持っている人がいるかもしれない。

たとえ親があなたをどのように育てたとしても、少なくとも産んでくれたという事実は受容《じゅよう》すべきである。

同じ「ありがとう」でも、「育ててくれて、ありがとう」というセリフより、「産んでくれて、ありがとう」というセリフのほうがより深い。

自分に命を引き継いでくれた相手に感謝することが、本物の感謝のスタートなのだから。

↓

親への「産んでくれて、ありがとう」が、本物の感謝の始まり

03

究極の先祖は、
自然界である。

すべての感謝は先祖から始まることはすでに述べた通りだが、先祖を遡《さかのぼ》ると、究極は自然界に辿《たど》り着くことに気づかされる。

つまり、我々の究極の先祖は宇宙に辿り着くというわけだ。

仮に１３７億年前に宇宙が誕生し、46億年前に地球が誕生したとすれば、それが私たちの先祖なのだ。

手塚治虫《てづかおさむ》の『ブッダ』では、万物は繋がっていることを繰り返し説いているが、この世に存在するすべては自然界の一部であり、根っこは私たちと同じなのだ。

『沈黙の春』の著者であるレイチェル・カーソンは、人間の都合で「益虫《えきちゅう》」と「害虫《がいちゅう》」を分けて害虫を駆除《くじょ》し続けると、巡り巡って人類を滅ぼすことになるという警告をした。

たとえば、稲を人間の都合で効率的に育てるために、強力殺虫剤を散布《さんぷ》して害虫を殺すと、それを餌《えさ》としていたカエル、カエルを餌としていた魚、魚を食べている人間に影響を及ぼすというわけだ。

ご存知のように、人類は食物連鎖《しょくもつれんさ》の頂点に君臨しているが、これは換言すると、すべてのエゴは人類にそのまま跳ね返ってくるということを意味する。

ピラミッドの頂点に位置する者は、それ相応の責任を負わされるのは自然の摂理なのだ。

自然界というのは、かくもシンプルで、かつ深く創造されているのだ。

こうした自然の摂理を模倣《もほう》して、人間社会は作られているのだ。

そしてここが大切なのだが、**この偉大なる自然界に感謝することこそが、感謝の本質なのだ。**

旧約聖書の「サムエル記」に登場するゴリアテのように強靭《きょうじん》な大男でも、空気中の酸素濃度が少し狂ったり、1ヶ月でも水分を与えられなかったりするだけで、生きていくことはできない。

自然界の前では、人間というのはとてもちっぽけな存在なのだ。

どんなにあがいても、人類が自然界の一部である限り、自然界には絶対に勝てない。

そう考えると、我々は「生きている」のではなく、「生かされている」という事実に気づくはずだ。

絶対の存在である自然界を前にして、人類は無力ながらも生かしていただいているのだ。
そんな無力な人類を、ちゃんと生かしてくれている自然界に深く感謝することだ。

↓

「生きている」のではなく、
「生かされている」のだ

04

墓参りでは、家系図をイメージする。

墓参りをする際に大切なのは、具体的に供養《くよう》する相手をイメージすることだ。

単に合掌するだけでも先祖は喜んでくれるだろうが、相手をイメージするとより喜んでくれるだろう。

これは、もしあなたが先祖だったとしたらどう感じるかを想像すれば、容易にわかるはずだ。

単に合掌されるよりも、1対1の個別対応で合掌されたほうが、心に響くのではないか。

ただ、顔と名前を鮮明に憶えているならまだしも、祖父母より前の曾祖父母《そうそふぼ》や高祖父母《こうそふぼ》、それ以上遡ると普通は知らない。

これまでに私は、数々の宗教の教祖や住職《じゅうしょく》、運命学者や霊能者と名乗る人々から直接話を聞いてきたが、墓参りに関して彼らの教えを帰納《きのう》すると、「家系図をイメージしなさい」ということになる。

家系図といっても難しく考える必要はなく、曾祖父母の供養をしたければ祖父母の頭のてっぺんから上側に線を引いて、その両親をイメージすればいいのだ。

正確な顔と名前がわからなくても、そこに誰かがいるというイメージができればそれで十分だ。

さらに、その曾祖父母の上側に線を引っ張れば、高祖父母の供養もできるというわけだ。

これではキリがないと思うかもしれないが、最終的には上側に無限の線が続き、無限の先祖が自分と繋がっているイメージができればそれでいい。

そうすれば、誰でも自ずと必ず感謝の気持ちが芽生《めば》えてくるはずだ。

以上が、効果的な墓参りである。

最後に、私のサラリーマン時代の知り合いの不思議な美人の話を紹介しよう。

彼女は霊がハッキリ見えると言っていて、病院や墓場に行くと、本当の人間と区別がつかないくらいだということだった。

そんな彼女がごく親しい人だけにアドバイスをしていた方法が、裏紙に即興《そっきょう》でパパッと本人を起点にした線を上側に引っぱって、「この人！」と指摘し、その相手をイメージして合掌するというものだった。

「この人！」とは、たいていの場合、「祖父母」「曾祖父母」「高祖父母」辺りまでだった。

彼女によると、顔と名前はわからなくてもいいから、その相手を一生懸命にイメージして部屋で合掌するだけでも人生が好転するということだった。

実際に彼女は人気者だったし、今は都内で独立して予約待ち状態で相談を受けている。

墓参りにおいて、先祖に、より感謝が伝わる工夫をしよう

05

死後の世界とは、想念《そうねん》の世界である。

本書は墓参りをテーマにしているのに、こんなことを書くのも何だが、死後の世界があるということは、必ずしも無理に信じなくていい。

そもそも、心の中では死後の世界の存在を信じていない人のほうが、ずっと多いはずだ。

もし死後の世界が存在すると一点の曇りもなく確信していたら、人は死を恐れないからである。

人が死を極度に恐れるのは、死んだらそれですべてが〝無〟になると思っているからだ。

換言すれば、死への恐怖からこの世のあらゆる宗教は生まれたのだ。

だから私は、全員に対して死後の世界の存在を最初から強要《きょうよう》したくはないのだ。

死後の世界は存在するかもしれないし、存在しないかもしれない。

少なくとも、現代科学では死者に直接インタビューすることはできないので、誰にも断定することはできない。

ただ、かれこれ何十年も前から、「死後の世界」や「生まれ変わり」を真剣に研究している欧米トップ大学の教授や医学博士が複数いるという事実は、あなたに知っておいてもらいたい。

死後の世界の存在を頭から否定するのも、死後の世界の存在を信じない人を見下すのも、いずれも謙虚さがないという点では一致している。

以上のことを踏まえて、私はこう言えると思う。

もし死後の世界が存在すると仮定するならば、それは想念の世界だ。

想念とは日本特有の言葉であり、英語では観念《かんねん》との区別がつけられず、いずれもideaと表記することができるとされている。

観念が主に頭で考えた机上《きじょう》の空論《くうろん》だとすれば、想念は心で感じてジワッと刻み込まれた感情の塊《かたまり》だ。

頭で記憶したことはすぐに忘れるが、心で感じてジワッと刻み込まれた記憶は死ぬまで忘れない。

無機的《むきてき》に記憶した英単語や歴史の年号は忘れても、激しい愛憎《あいぞう》や嫉妬心《しっとしん》といった感情は死ぬまで忘れないはずだ。

この強烈な想念は、人が死んで焼かれても残るのではないか。

その残った想念が良いエネルギーであれば天国、悪いエネルギーであれば地獄だ。

こういう考え方もあると知っておくだけで、少しだけ謙虚になれる気がするのだ。

心で感じた記憶である想念こそ、エネルギーの本質

06

運がいい
ということは、
守られている
ということだ。

世の中には、どう考えても運の良し悪しが存在し、しかもその差は途轍もなく大きい。

私はこれまでに1万人以上のビジネスパーソンと対話してきたが、最も幸運な人と最も不幸な人とでは、10倍や100倍の差ではなく、1万倍や1億倍以上の差があったと感じる。

運を科学的に解明しようとする研究は世界中で行われているが、ここで私はあえて別の視点から考察《こうさつ》したい。

私が「この人は幸運だな」と衝撃を受けた人たちは、宝くじでウン億円当選したとか、一夜にして大富豪になったというのではなく、絶体絶命の窮地《きゅうち》からまるで神風に乗って浮かんでくるように救われる人生の連続だった。

彼らは大病を患《わずら》ったり大怪我を負ったりしても、それらを不幸な出来事で終わらせるのではなく、100％の確率で幸せのきっかけにしていた。

まるで、彼らにとって大病や大怪我は次に到来する幸せな人生へのジャンプ台のようで、大病や大怪我になることが必要かつ必然であるかのようだった。

そんな彼らの生き様を目の当たりにしていると、思わず嫉妬してしまうくらいだ。

だから私が筋金入《すじがねい》りの幸運の持ち主だと思うのは、棚ボタのラッキーに遭遇《そうぐう》した人ではなく、不幸な状態から起死回生《きしかいせい》のターン・アラウンドを果たし続ける人なのだ。

前者がピークをごく短期間で終えて、奈落《ならく》の底に落ちる確率が高かったのに対し、後者は、どんな壁にぶつかってもそのたびにブレイクスルーして、さらに上昇し続ける。

もちろん私が憧《あこが》れたのは後者だった。

数少ない後者の人たちから直接薫陶《くんとう》を受けて、どうすれば自分もそんなに幸運になれるのかを徹底的に学び、そして行動し、習慣化してきた。

彼らが異口同音《いくどうおん》に強調していたのは、自分たちは守られているということだった。

誰に守られているのかを知っている人もいたし、知らない人もいた。

ただ共通していたのは、〝自分以外の誰かに〟守られていると知っていることだった。

つまり、どんな状況に陥っても、自分は誰かに守られているという感謝の気持ちを持って臨めば、人生の流れは好転するということなのだ。

あなたも、これまでに絶体絶命のピンチに陥った経験があるだろう。

結果はどうあれ、こうして本を読んでいるということは、生きているということだ。

つまり、あなたも誰かに守られているのだ。

↓

「守られている」という気持ちが、
幸運を引き寄せる

07

故郷に帰る
時間がなければ、
部屋で
合掌すればいい。

墓参りは、必ずしも帰郷《ききょう》してしなければならないわけではない。

もちろん、そうするに越したことはないし、それが理想ではある。

だが理想を追いかけて挫折《ざせつ》するよりは、理想に近い状態で継続するほうが遥《はる》かに尊い。

現実問題として、金銭的にも時間的にも、あるいは精神的にも、帰郷するゆとりがないという人は多いはずだ。

そんな人におススメなのが、部屋で静かに合掌することだ。

あなたは、毎日、朝晩仏壇に向かって合掌する祖父母の姿を見たことがあるかもしれないし、映画やテレビドラマでも何度かそんなシーンを見かけたことがあるだろう。

もしあなたの家に仏壇がなくても、毎日でなくてもいいから、年に何度かふとした瞬間に部屋で合掌するといい。

ちょっと仕事で失敗をやらかして、落ち込んだ時。

会社の人間関係で、思い悩んでいる時。

何度受験しても落ち続けて、自信を喪失《そうしつ》している時。

最初のうちは、そうした時期に人は謙虚になりやすいから、合掌もしやすいと思う。

現にそうした時期に合掌することで、直接的にも間接的にも問題が解決することもある。

あなたに私がおススメしたいのは、もう少しステージが上の話だ。

人生が順調に進んでいる時にこそ、時間を捻出《ねんしゅつ》して部屋で合掌してもらいたいのだ。

人生が順調に進んでいない時に合掌するのは、厳しい言い方をするとすがっていることになる。

所謂《いわゆる》、他力本願《たりきほんがん》だ。

それに対して、人生が順調に進んでいる時に合掌するのは、純粋に感謝の念を生み謙虚になることができる。

この純粋な感謝から生まれる謙虚さこそが、真に謙虚であるということだ。

そのためには、**何かあってから合掌するのではなく、何もなく順風満帆《じゅんぷうまんぱん》な時期にこそ合掌して心を整えるべきなのだ。**

1年に一度だけ帰郷して墓の前で合掌するよりも、毎日欠かさずに合掌して感謝し続けるほうがステージは上なのだ。

私は墓参りもしているが、人生が絶好調の時にこそ無性《むしょう》に合掌したくなる。

その結果、今、ここにいる。

↓

人生が順調に進んでいる時にこそ、合掌をしよう

08

もし部屋で
合掌する時間も
ないのというのなら、
その人生は
間違っている。

本格的に御経《おきょう》を読むわけでもない限り、部屋で合掌するのに要する時間は、せいぜい数秒といったところだろう。

すでに述べたように、顔や胸の前で掌を合わせ、家系図を心の中でイメージして感謝するだけだから、そんなに時間はかからない。

だが、中にはそんな時間もないくらいに忙しいとのたまう人がいる。

私は「そんな時間もないくらいに忙しい人などいるわけがない！」と反論するつもりは毛頭《もうとう》ない。

きっと、本当に忙しい人なのだろうと思う。

そういう人たちは忙しく働いているだけあって、お金持ちで大きな家に住み、高級車を何台も所有しているのかもしれない。

ただ、そんなに忙しい人に対して、私は一つだけ質問をしてみたい。

「感謝する時間もないくらいに忙しい人生が、果たして幸せなのだろうか」と。

私としては、もし部屋でわずか数秒間でも合掌する時間もないくらいに忙しい人生なら、その人生は間違っていると判断し、直ちに軌道修正《きどうしゅうせい》する。

これまでに、数多くのエグゼクティブたちと仕事をしてきたが、突如運気を落として悲惨《ひさん》な結末を迎えた人たちに共通していたのは、多忙が恒常的《こうじょうてき》になっていたことだった。

なぜ多忙が恒常的になると、最終的に悲惨な結末を迎えるのか。

それは、多忙が感謝を遠ざけるからである。

あなた自身を含めて、周囲を振り返ってもらいたい。

多忙の人はたいていイライラしがちであり、ふんぞり返って威張《いば》り散らしているはずだ。

そこには感謝もなければ、愛も感じられない。

つまり恒常的に多忙の人が身を滅ぼすのは、その人の下から人が離れて行くからなのだ。

人が離れて行くということは、当然お金も離れて行くということだ。

なぜなら、お金はいつも人が運んでくるのだから、運んでくる人がいなくなればお金の流れがストップするからである。

あなたは当たり前だと拍子抜《ひょうしぬ》けするかもしれないが、真実というのはいつも呆れるほどにシンプルなのだ。

せっかく恒常的に多忙になるほど有能な人なのだから、ぜひ合掌するゆとりを捻出して、恒常的に幸せになってもらいたいと思う。

感謝を遠ざけてしまう、〝多忙〟に陥ってはいけない

09

ヤクザ映画は、墓参りのシーンで展開が変わる。

あなたは、ヤクザ映画を鑑賞したことがあるだろうか。

いくつか鑑賞していると、非常に興味深いことに気づかされる。

ヤクザ映画ではたいてい墓参りのシーンがあり、それを境に話の展開が変わるのだ。

これから物語が佳境《かきょう》に入る合図のクッションとして、墓参りのシーンが挿入《そうにゅう》されている。

大半が怒鳴り合いや血生臭《ちなまぐさ》い暴力シーンの連続だが、そこに神妙《しんみょう》なシーンがスパイスとして混ぜられて、物語全体がグンと引き立つというわけだ。

私がヤクザ映画で一番好きなのも、この墓参りのシーンだ。

反社会的行為を繰り返す強面《こわもて》のヤクザが唯一美しいと感じるのが、先祖の墓の前で合掌する姿だからである。

この機会に、あなたも改めてヤクザ映画を鑑賞し直してもらいたいが、どの合掌の仕方も堂に入り、プロの凄みを感じるはずだ。

現実のヤクザの世界でも、墓参りを大切にし、欠かさないという人は多い。

呼び方は違えども〝ヤクザ〟という存在は、洋の東西を問わず、善悪の問題を超越して存続してきた。

それは、この世から戦争がなくならないのと同様に、ヤクザも人間社会にとって必要悪であり、自然の摂理だからではないか。

いずれにせよ、様々な想いを背負って合掌するその姿はひたすら美しい。

そして、あなたには、ぜひともヤクザ映画から学んでもらいたいことがある。

人生の流れを変えたければ、墓参りをすることだ。

否、正確には**人生の流れを好転させ続けたければ、墓参りを継続することだ。**

ヤクザ映画をもう一度よく思い出してもらいたいが、窮地に陥った時に墓参りをして、すがってはいないはずだ。

そんなことをしたら、きっと先祖にも愛想を尽かされてしまうだろう。

ヤクザが墓参りをするのは、あくまでも「決意表明」であり「結果報告」だ。

墓の前で先祖にすがるのではなく、ひたすら感謝を示しているのだ。

たとえその結果、抗争《こうそう》で敗れようと命を落とそうと、先祖のせいにすることはない。

それが真に感謝を示すということだ。

「わざわざ墓参りをしたのに負けちゃったじゃないか！」
と先祖にクレームを言うのは、最初からスタンスが間違っていたのだ。

↓

墓参りでは、感謝のみ示そう

10

墓参りの姿勢に、その人の生き様が露呈《ろてい》される。

私は幼少の頃から、墓参りをする際に、大人を観察するのが好きだった。

それら私自身の経験と、映画やテレビドラマの墓参りのシーンを総動員して浮き彫りになってきたのは、墓参りの姿勢にその人の生き様が露呈するということだ。

先祖の墓の前で合掌するその姿勢は、その人本来の姿であると気づかされたのだ。

美しい合掌をする人は、根っこが美しい人。

醜《みにく》い合掌をする人は、根っこが醜い人。

作法《さほう》はどうあれ、丁寧に合掌する人は、根っこが丁寧な人。

いい加減な合掌をする人は、根っこがいい加減な人。

その人の根っこを知るという意味では、これほどわかりやすい指標《しひょう》はないくらいだ。

では、普段いい加減な生き方をしている人が、墓参りだけでも丁寧にすると、人生は変わるのか。

私は変わると思う。

少なくとも、変わるための有力なきっかけにはなると思う。

なぜなら、仮に年にたった一度きりの墓参りだとしても、その瞬間は本心と良心で自分の人生を振り返るからだ。

人は本心と良心で反省した瞬間、そこに感謝の念が生まれる。

これは誰に教わるわけでもなく、自然にわかるものだ。

「わかる」というより、「感じる」ものだ。

心で感じたことはなかなか忘れないから、少なくとも翌年までは記憶に刻み込まれる。

常に、脳みそに微量《びりょう》の電流が流れている状態だ。

だから、これまでの人生で何も感じなかったことでも、そこに何かを感じ取ることができるようになる。

こうした小さな変化の積み重ねが、あなたの人生を創造していくのだ。

冒頭《ぼうとう》の大人たちのエピソードだが、美しく丁寧な合掌をしていた人たちは幸せな人生を送っている。

醜くいい加減な合掌をしていた人たちは、不幸な人生を送っている。

しかも、両者の差は宇宙の拡張現象《かくちょうげんしょう》の如く、時と共に開くばかりだ。

そうした大人たちを1次情報で観察してきた私が、どちらの真似をしたのかは、もはや語るまでもないと思う。

↓

墓参りでの姿勢を変えると、人生が変わる

第2章

寺や神社にお参りすると、なぜ運がよくなるのか?

11

神に頼らず、自分を頼れ。

かの天才音楽家ベートーヴェンに、こんなエピソードがある。

ある日のこと、ピアノ奏者《そうしゃ》が「フィデリオ」の楽譜《がくふ》をベートーヴェンに手渡した。

その楽譜の最後のページの片隅には、こう書いてあった。

「神のご加護《かご》によって、無事に演奏が終わりますように……」

それを見たベートーヴェンは、即刻《そっこく》ペンを取り出して、こう書き足した。

「神に頼らず、自分を頼れ」

ベートーヴェンは極めて厳格《げんかく》で道徳主義者だったために、人を遠ざけたと聞くが、ここではそんなことを問題にしない。

なるほど彼は、同じく天才音楽家であるモーツァルトのように人間味が溢れるオペラは生み出せなかったかもしれないが、芸術家としては間違いなく超一流だった。

そんなベートーヴェンから出た「神に頼らず、自分を頼れ」というメッセージは、実に、この世の本質を衝《つ》いているのではないだろうか。

我々が寺や神社でお参りするのは、仏や神に依存《いぞん》するためではない。

寺や神社でお参りするのは、あなたがあなた自身を頼れる存在になるためなのだ。

あなたがあなた自身を頼れる存在になるためには、どうすればいいのか。

それは、日々粛々《しゅくしゅく》と努力を積み重ねて成長する以外に方法はないのだ。

日々粛々と成すべきことを成し、自己研鑽《けんさん》に励む以外に道はないのだ。

日々何もせずにのんべんだらりと自堕落《じだらく》に生きている人間が、いくら寺や神社にお参りしたところで、仏や神には何も届かないのだ。

ベートーヴェンが教えてくれているように、神というのは一方的にもたれかかってくる存在を酷《ひど》く嫌う。

〝神〟という表現に抵抗があるなら、〝自然界〟と置き換えてもいいだろう。

人類が一方的に自然界にもたれかかって破壊し続けたり、奪い続けたりすると、必ずそのしっぺ返しがくる。

それが自然の摂理だからである。

この世のすべては、見事にバランスが取れている。

放っておいても、人類の意思とは別に、バランスを取ろうとする力が自ずと働く。

自分を頼るために日々成長し続ける人だけに、結果として神が微笑んでくれるのだ。

日々粛々と努力をする人の祈りこそ、神に届く

12

「どうか合格
させてください」
ではなく、
「今までありがとう
ございました」

合格祈願《ごうかくきがん》をする際には、一つコツがある。

コツというより、最低限のマナーがある。

それは「どうか合格させてください」ではなく、「今までありがとうございました」と唱えるべきだということだ。

「どうか合格させてください」と言われると、仏様や神様からすると「今まで何やっていたの？」という話になってしまう。

正面から実力をつけることを怠っていた分際《ぶんざい》で、仏様や神様の力を借りようというのは言語道断《ごんごどうだん》も甚《はなは》だしい。

もしあなたが仏様や神様であれば、そんな相手を応援しようと思うだろうか。思わないはずだ。

仏様や神様というのはとても偉大だが、決して甘やかしてはくれない厳しい存在だ。

なぜなら、それが自然界の掟《おきて》であり、自然の摂理だからである。

揺るぎない自然界の掟は、強い者が勝つべきであり、幸せを享受《きょうじゅ》すべきであるというものだ。

受験の場合の強さとは、何よりもまず学力のことである。

この現実から、断じて目を逸《そ》らすべきではない。

受験勉強をサボってきたけどボランティア活動を頑張ってきたとか、ひたすら人間性を高めてきたとかいうのは、少なくとも受験においては現実逃避《とうひ》以外の何ものでもない。

どうしてもボランティア活動をやりたいとか、人間性を高めたいというのであれば、受験勉強に上乗せしてやるべきである。

受験勉強もやった上でボランティア活動をやっていた人は確実にいるし、勉強ができる人には、勉強ができない人よりも確率的に人間性が高い人が多いのは、紛《まぎ》れもない現実だ。

私がこれまでに出逢ってきた3000人以上のエグゼクティブ、1万人以上のビジネスパーソンを思い返してみても、個別的に見れば例外は数多くいるが、確率で考えるとやはり学力と人間性は見事に比例したものだ。

こうした、正面からの地道な努力から逃げることなく、「今までありがとうございました」と合掌できる人こそが、本当に人間性を兼ね備えた人なのだ。

最後に、勝利の女神というのはさすがに女性だけあって少し嫉妬深い。
成すべきことを成して、女神の存在を忘れた人にちょっかいを出してくるのだ。

↓

正面からの地道な努力から逃げて、神の力を借りようとしてはならない

13

御経は
淡々としていて、
心を鎮《しず》めてくれる。

寺に行くと、たいていはどこからか御経が聞こえてくるだろう。

寺にお参りに行くメリットの一つとして、あの心地良い御経を聞くことができるということがあるのではないだろうか。

御経は淡々としていて、心を鎮めてくれる。

ロックンロールのような激しい御経はないし、演歌のような情熱的な御経もない。きっと、御経は心を鎮めるために最高のテンポで読まれているし、文字の配列も極限までバランスを考えられて作られたのだろう。

そうでなければ、御経が万人の心を鎮めることはできないはずだからである。

あるいは、鎮魂歌《ちんこんか》というのは死者の魂を慰《なぐさ》めるために作られた歌だが、語源は読んで字の如く、魂を鎮めるための歌という意味だ。

もちろん、死者の魂を鎮めるのが第一の目的だろうが、同時に、**歌う人たちやその場で聞いている人たちの魂も鎮めているはずだ。**

現世で生きている人たちの魂が静まっていなければ、その人たちに死者の魂が慰められることはないからだ。

よく怪しい宗教の勧誘で「もっと幸せになりませんか？」と声をかけている人が

いるが、それを見るたびに「まず自分が幸せになればいいのに……」と強く思う。

どう見ても、その宗教を勧誘している本人たちが幸せそうに思えないからだ。

宗教に限らず、他人に何かを勧める際には、まず自分がその道で幸せを掴《つか》んでいることが最低条件だ。

その意味で、御経や鎮魂歌は、非常に説得力がある。

関わる人たちが、みな自然に心を鎮めることができるからだ。

お寺にお参りに行く人たちも教会に通う人たちも、きっと究極の目的は心を鎮めることなのだろう。

ところで、御経を読む人には声が素敵な人が多いとは思わないだろうか。

独特の低さがあり、良い感じで喉仏《のどほとけ》が発達していそうなイメージだ。

ひょっとしたら、私が好きなのは御経よりも、御経を読む人の声なのかもしれない。

子どもの頃の私は御経の声を聞くと、目の奥の神経が揉《も》みほぐされていくようですぐに眠くなったものだ。

余りにも心地良過ぎて眠るのがもったいなく、もう少しこのウトウトした状態のままで快感に浸《ひた》っていたいと、秘《ひそ》かに願っていたものだ。

すべては、まず、心の平安から始まる

14

場の空気がいい場所に、寺や神社は建立《こんりゅう》されている。

寺や神社に行くと、どうしてあんなに心地良いのだろうか。

実は、都会のど真ん中にも寺や神社というのは意外にあるものだが、その場所だけまるで結界《けっかい》が張ってあるかのように場の空気が違う。

高層ビルに囲まれているはずなのに、都会の時間の流れを忘れさせてくれるのだ。

もちろん、寺や神社はかくあるべしという我々の固定観念《こていかんねん》が、静かで落ち着いた場所だという〝偏見《へんけん》〟を持たせてしまっているのも事実だろう。

だが、それでも寺や神社には自然のパワーが漲《みなぎ》っており、一部ではパワースポットとして人気を維持しているのには、何かそれなりの理由があるはずだ。

理由の一つは、やはり仏や神を祀《まつ》るだけあって、立地にもこだわっていたはずだというものだ。

必ずしも風水とは限らないが、それに近い学問や暗黙《あんもく》の教えがあって、それらに基づいて建立されたはずである。

中には、風水と聞くと眉をひそめる人もいるかもしれないが、風水が駆使《くし》された建築物は日本にも数は多いし、国家として風水を当たり前のように取り入れているところもある。

私がこれまでに出逢ってきたエグゼクティブたちの中にも、風水や家相にうるさい人はとても多く、少なく見積もっても半分以上いた。風水や家相に限らず、様々なゲン担ぎにうるさい人も含めるとなれば、さらにその比率は高くなる。

その結果として、私はそれらにハマったことはこれまでに一度もないが、頭から否定することはなくなったというわけだ。

今でも書斎を訪れる来客の中には、風水や家相に滅法《めっぽう》詳しい人もいるが、私がいる書斎はとても場の空気がいいらしい。

もちろん、これは私の目利《めき》きが良かったからでは断じてない。マンションを建設した業者が、最初からどの角度から見ても絶対に文句を言われないよう緻密《ちみつ》に計算し尽した賜物だろう。

だが、**場の空気がいい所にはやっぱり運のいい人が集うし、放っておいても繁盛するのは、これもやはり自然の摂理だと思う。**

そう考えると、寺や神社は圧倒的に場の空気がいい確率が高いのだから、運のお裾分《すそわ》けをしてもらえるというのも納得できるのではないだろうか。

神社仏閣へのお参りによって、よい運気が得られる

15

お参りとは、自分との対話である。

寺や神社にお参りをする一番の効果は、自分との対話ができるということだ。静かに心を鎮めながら合掌し、自分とコミュニケーションを取っているのだ。最近はＳＮＳで知人がやたら増えて忙殺されてしまい、肝心な自分との対話ができていない人が激増している。

普段から自分と対話していない人には、親友ができない。

仮に親友候補《こうほ》に出逢ったとしても、通りすがりの人で終わってしまう。

自分と対話していない人は、単純に話がつまらないからだ。

深くものを考え抜いたことがないから、その場にいない誰かの話題で盛り上がったり、テレビやネットの噂話《うわさばなし》をしたりするしかネタがない。

それらは自分の頭で考えた知恵ではなく、単にどこかで知っただけの情報だ。

情報とは知識の断片であり、知識を自分の頭の中で有機的《ゆうきてき》に結び合わせたものが知恵だ。

「情報＋情報＝知識」「知識×知識＝知恵」ということになる。

大阪在住のあなたが「朝６時新大阪発の新幹線」や「朝７時５分伊丹《いたみ》空港発の飛行機」といった情報を足し算すると、東京へ行く手段として選択肢《せんたくし》が増えて知識①

になる。

さらには「取引先のA社は丸の内」や「取引先のB社は羽田空港内」といった情報を足し算すると、東京の取引先の所在地の選択肢が増えて知識②になる。

知識①と知識②を有機的に結びつけることによって、朝イチでA社を訪問する際には新幹線で東京駅に向かい、朝イチでB社を訪問する際には飛行機で羽田空港に向かえば便利だという知恵を導き出せるわけだ。

ところで、お坊さんたちはどうして世の中の真理を知り抜いているように見えるのだろうか。

それは、彼らが**毎日自分と対話しているからだ。**

毎日御経を唱え、座禅《ざぜん》を組み、ひたすら自分と対話しているのだ。

だから彼らは、仕入れた情報を知識にして、知識を知恵にまで高めることができるのだ。

だからといって、今からあなたも出家する必要はない。

何もそこまでしなくても、自分と対話するだけならいつでもできる。

気が向いたらたまにはお参りに行き、たった数秒でいいから日々部屋で合掌することを習慣にすることだ。

これまで一度もまともに自分と向き合ったことのない人なら、わずかこれだけのことでそれを機に人生が変わるに違いない。

↓

自分との対話こそ、あなたの成長を促すものである

16

お参りをきっかけに
アイデアを
授かったら、
電光石火《でんこうせっか》の如《ごと》く
行動に移す。

お墓参りの最中、あるいは行き帰りには、普段考えないことを考えるものだ。

そして、自分では予想だにしないアイデアを授かることがある。

これは、普段から一生懸命に頭を使っている人がリラックスしたからだと思われるが、この瞬間に授かったアイデアを行動に移せば、人生を変えるきっかけになることが多い。

何を隠そう、私自身がこれまでその連続だったからだ。

親族でお墓参りをするあの独特の雰囲気は、すっかりルーティーンに陥って凝り固まっている自分を打破するにはもってこいなのだ。

私の場合は、墓参りの最中よりも、帰りの列車や家に到着して部屋でリラックスした瞬間にアイデアを授かることが多い。

それも、普段の頭では絶対に閃《ひらめ》かないようなアイデアばかりだ。

それらのアイデアは、私にとって宝くじに当選した以上にありがたいものばかりだから、電光石火の如く行動に移す。

もしあなたが宝くじで大当たりしたら、当選券を期限切れになっても金庫に大切に隠しておくようなバカなことはしないはずだ。

それと同じで、私はアイデアを授かったら即動くというわけだ。

天の声を授かって人生を一変させる「啓示《けいじ》」という言葉もあるが、それが科学的にどうなのかは問題ではない。

成功している人たちの多くは、人生の節目《ふしめ》で啓示を受けているという事実が大切なのだ。

中には、せっかく啓示を受けたのにスルーしてしまう人も数多い。

否、ほとんどの人たちは啓示を受けてもスルーして、そのままうだつの上がらない人生で幕を閉じている。

明治生まれの小説家である野上弥生子《のがみやえこ》は、昭和11年に長男がイタリア留学する際に送った書簡《しょかん》をこう結んでいる。

「……そうしてあなたの青春に思いがけなく恵まれた好機を十分に利用することを心掛けるとともに運命の女神は気紛れで仮借なく酷薄だということをわすれないでいらっしゃい。〈以下略〉」（『野上弥生子随筆集』より）

「仮借《かしゃく》なく」とは、大目に見て許してくれないということだ。

「酷薄《こくはく》」とは、情け容赦《ようしゃ》ないということだ。

せっかく啓示を受けたのに、それを行動に移さないのは悪なのだ。

↓

啓示は、すぐ行動に移してこそ、
価値あるものとなる

17

違和感のある
人たちと
群れてお参りに
行くくらいなら、
一人で行く。

お墓参りに行くことは基本的に良いことだが、それでも「これなら行かないほうがマシだった」と後悔することが多々ある。

それは、運の悪い人と一緒に群れてお墓参りに行った場合だ。

つまり、どこか違和感のある人と一緒にお墓参りに行くべきではないのだ。

こうして本を書くからには正直に述べなければならないが、私の親族にもどこか違和感のある人は少数ながらも確実にいる。

その人が一人混ざるだけで、場の空気が一瞬で下げモードになり、厭《いや》な空気が漂い始めるのだ。

所謂〝さげまん〟というヤツだ。

十数年前の身内の葬式の送迎バスでは〝さげまん〟の隣だけはポツリと席が空いていたし、「自分は学歴がないけどこんなに歴史に詳しい！」とあちこちでマシンガントークを始めて煙《けむ》たがられていた。

それ以外にも、恥ずかしくてここでは書けないような数々のせこい悪行《あくぎょう》を働いていたが、ついには誰からも相手にされなくなってしまった。

否、正確には、同様に何人かの〝さげまん〟同士の親戚で身を寄せ合い、全員揃《そろ》って日々刻々と落ちぶれ続けている。

その〝さげまん〟と関わった人たちが、ことごとく病魔に侵されたり、家庭内に思いがけない不幸が起こったりしたということを聞くたびに、〝さげまん〟の恐ろしさを思い知らされる。

ひょっとしたら、あなたの身内にもこうした〝さげまん〟がいるかもしれない。悪いことは言わないから、〝さげまん〟と同じ空間で呼吸しないほうがいい。ありとあらゆる理由をでっち上げてでも、〝さげまん〟が参加することになったらドタキャンするか、瞬間的に行方不明になる術を習得することだ。

「そうは言ってもやっぱり身内だし……」という言い訳は、完全に間違っている。身内だからこそ、お墓参りという厳《おごそ》かな儀式では一緒にならないことが大切なのだ。

〝さげまん〟の身内と一緒に行動するくらいなら、一人で行動したほうが断然いい。〝さげまん〟と一緒にお墓参りをすると、理由の如何《いかん》を問わずその場にいる全員が〝さげまん〟菌に感染するから、負のスパイラルに突入間違いなしだ。

先祖も〝さげまん〟を嫌っているはずであり、墓参りをされるのがとても迷惑なのだ。

冗談ではなく、自然界というのは〝さげまん〟に対して滅法厳しいのだ。

↓

運の悪い人と、
行動を共にしてはならない

18

お賽銭《さいせん》の
仕組みこそ、
運気の仕組み。

あなたは、お賽銭をしたことがあるだろうか。

お賽銭の仕組みは、本当に良くできている。

あなたは当たり前だと思っているかもしれないが、「良いこと」が起こってから後払いでお賽銭をするのではなく、まだ何も起こっていないのに、先払いでお賽銭をしなければならない。

しかも、お賽銭では契約内容が何も約束されていないし、そこには期限もない。

ビジネスではあり得ないこの仕組みが、お賽銭では成立しているから不思議なものだ。

だが、このお賽銭の仕組みこそが、この世の運気の仕組みなのだ。

お賽銭の仕組みは、自然の摂理に忠実に則っているのだ。

お賽銭の考え方で深いのは、見返りを期待してはいけないというところだ。

正確には、我々人間にとって、見返りを完全にゼロにして何も期待しないということは無理な話だが、極限まで欲を抑えましょうということだ。

欲や執着を極限まで抑えてお賽銭し、自分がお賽銭したことなどすっかり忘れてしまうのが理想だ。

忘れてしまってから何かが返ってくるというのが、お賽銭の仕組みであり、運気の仕組みなのだ。

だから「お賽銭をしたのにまだ何も良いことがない」と愚痴《ぐち》っている人は、お賽銭をしたことが記憶に残っている限り、永遠に何も良いことは起こらないだろう。

私は、このお賽銭の仕組みに気づかされてから、どんどん運気を向上させることができるようになった。

賢明なあなたならすでにお気づきのように、お賽銭に限らず、**この世のあらゆることにおいて、見返りを期待しないで先に与え続けることによって、巡り巡って良いことが返ってくるものなのだ。**

これから、あなたの人生の運気をどんどん向上させて、毎日を大フィーバー状態にしたければ、今からコツコツと種を蒔《ま》き続けておくことだ。

種を蒔き続けることが習慣になって、もはや何をいつ蒔いたかわからなくなってくると、ある瞬間からコップから水が溢れ出すように、あなたの運気も溢れ出す。

これが恒常的に運のいい人であり、あなたにもぜひこうなってもらいたい。

かの「わらしべ長者」も、まさに運の仕組みを公開した物語であり、見返りを期待せずに先に与え続けた結果として、幸運を獲得できたのだ。

毎日、コツコツと、幸運の種を蒔き続けよう

19

自己を
低めることで、
見えてくる
世界もある。

お参りに行くと、必ず頭を下げなければならない。

お参りに行って、ふんぞり返って威張り散らす人などいない。

頭を下げるという行為は、自己を低めるという行為に他ならない。

ここ最近、自己を低めるという行為は、忘れ去られてしまった美徳ではないだろうか。

明治以降の日本でも、自我をエゴにすり替えて自己を高める傾向が強くなったが、それによって、確かに自由や自己満足感を得ることはできたのかもしれない。

ところが、それと引き換えに何か大切なものを失ってしまった気がするのだ。

自己を高めることに明け暮れて、自己を低めなければ見えないものを失ってしまったのだ。

たとえば、仏や神は絶対の存在だが、この絶対の存在の前では自己を低めざるを得ない。

あるいは、自然界が絶対の存在だとすると、これもまた自己を低めざるを得ない。

自己を低めることで得られることは、絶対の存在に近づくことである。

人が仏や神になれるわけでもなければ、自然界と同等になれるわけでもないが、それらと少しの間だけ繋がることならできそうだ。

人が仏や神、そして自然界と繋がった瞬間、優れた学問や芸術、文学が生まれるのであろう。

世の中には、おびただしい数の建築物、絵画、彫刻が遺されているが、その中には作者が不明の作品も数多い。

著作権問題で連日裁判を繰り返し、争っている現代人にはとても考えられないことかもしれないが、真に自然界と繋がった人間にとって、地位や名誉など、もはやどうでもいいのではないだろうか。

自然界と繋がった人々にとって本当の幸せとは、ただ自然界と繋がったという事実のみであり、他人に認められることではないのだ。

そして、自然界と繋がるために必要なことは、自己を高めてエゴをむき出しにすることではなく、きっと自己を低めて自分を透明にすることなのだ。

自分を透明にした者のみが、初めて自然界と繋がることができるのであり、そこに神が宿るのではないだろうか。

よく学者や芸術家が「(アイデアが)降りてきた」と口にすることがあるが、あれこそがまさに〝繋がった瞬間〟なのだ。

↓

大いなるものと繋がることで、真に価値あるものが得られる

20

もしお参りしたのに
失敗したら、
今のあなたには
失敗が
必要だったのだ。

「わざわざお参りしてお賽銭もたくさんしたのに、失敗したからインチキだ！」

私はこれまで大勢の人たちから、こんな本音を聞いたことがある。

口には出さなくても、心の中でそう思っている人は少なくないのではないだろうか。

ひょっとしたら、あなたも同様に、そう感じたことがあるかもしれない。

こういう人たちは決して悪い人ではなく、とても健気《けなげ》でいい人なのだと私は思っている。

そんな人たちへの私からの答えとしては、その時のあなたには、その失敗が必要だったというものだ。

私自身の人生を振り返ってみても失敗の連続だったし、その瞬間はショックを受けたり落ち込んだりしたこともあったが、今から振り返ってみると、どれも自分に絶対に必要な失敗ばかりだった。

これは決して負け惜しみなんかではなく、一点の曇りもなく「あの時失敗したおかげで今の自分がある」と心の底から感謝することができるのだ。

その失敗した瞬間は「何て自分は運が悪いのか……」と落ち込むこともあったが、

今から思えば「もしあの時、間違って成功していたらゾッとする」と冷や汗をかくことばかりだ。

様々な人に会ったり本を読んだりすることで、次第に次のようなことに気づかされた。


自然界では善悪の問題なんて存在せず、すべてはその時必要なことがベストタイミングで起こるだけであると。


最初は失敗に見えても、それが成功のきっかけになることは多い。

反対に、最初は成功に見えても、それが失敗のきっかけになることも多い。

善悪は我々人類が自分たちの都合のいいように考え出したものに過ぎず、自然界の前では何ら意味を持たない無力で脆《もろ》い存在なのだ。

その証拠に、自然界では何億年も何十億年も前から淡々と同じ営みが繰り返されているのに対して、人間社会においては、わずか数十年単位で善悪の価値観がガラリと変わってしまうことは珍しくない。

100年前には英雄と褒《ほ》め称えられた人物でも、現在同じことをすれば極悪人とされて、即刻処刑台行きになる可能性もある。

郵便はがき

料金受取人払郵便

日本橋局
承　　認

6977

差出有効期間
平成31年3月
19日まで

切手をお貼りになる
必要はございません。

103-8790

953

中央区日本橋小伝馬町15-18
ユニゾ小伝馬町ビル9階
総合法令出版株式会社 行

本書のご購入、ご愛読ありがとうございました。
今後の出版企画の参考とさせていただきますので、ぜひご意見をお聞かせください。

フリガナ お名前	性別 男・女	年齢 歳
ご住所 〒 TEL　（　　）		
ご職業 1.学生 2.会社員·公務員 3.会社·団体役員 4.教員 5.自営業 6.主婦 7.無職 8.その他（　　）		

メールアドレスを記載下さった方から、毎月5名様に書籍1冊プレゼント！

新刊やイベントの情報などをお知らせする場合に使用させていただきます。

※書籍プレゼントご希望の方は、下記にメールアドレスと希望ジャンルをご記入ください。書籍へのご応募は1度限り、発送にはお時間をいただく場合がございます。結果は発送をもってかえさせていただきます。

希望ジャンル：☑ 自己啓発　☑ ビジネス　☑ スピリチュアル

E-MAILアドレス　※携帯電話のメールアドレスには対応しておりません。

お買い求めいただいた本のタイトル

■お買い求めいただいた書店名

(　　　　　　　　　　)市区町村(　　　　　　　　　　)書店

■この本を最初に何でお知りになりましたか

□ 書店で実物を見て　□ 雑誌で見て(雑誌名　　　　　　　　　　)
□ 新聞で見て(　　　　　　　新聞)　□ 家族や友人にすすめられて
総合法令出版の(□ HP、□ Facebook、□ twitter)を見て
□ その他(　　　　　　　　　　)

■お買い求めいただいた動機は何ですか(複数回答も可)

□ この著者の作品が好きだから　□ 興味のあるテーマだったから
□ タイトルに惹かれて　□ 表紙に惹かれて　□ 帯の文章に惹かれて
□ その他(　　　　　　　　　　)

■この本について感想をお聞かせください

(表紙・本文デザイン、タイトル、価格、内容など)

(掲載される場合のペンネーム：　　　　　　　　　　)

■最近、お読みになった本で面白かったものは何ですか?

■最近気になっているテーマ・著者、ご意見があればお書きください

ご協力ありがとうございました。いただいたご感想を匿名で広告等に掲載させていただくことがございます。匿名での使用も希望されない場合はチェックをお願いします☑
いただいた情報を、上記の小社の目的以外に使用することはありません。

逆も然り。

そんないい加減で気まぐれな人間社会を嘲笑《あざわら》うのではなく、それはそれで楽しみながら、自然界の力に畏怖の念を抱くことが大切なのだ。

↓

自然の法則は、絶対のものである

第3章

慈善活動は、
目に見えない世界の
バランスを整える働きがある

21

世界の大富豪たちが
こぞって
寄付に勤《いそ》しむのは、
呼吸と同じ。

あなたもご存知のように、大富豪には寄付をしている人がとても多い。

ここ最近は、日本でも世界ランキング入りする大富豪が複数いるが、彼らは何らかの形で寄付をしているものだ。

では、なぜ大富豪はこぞって寄付に勤しむのか。

勿論、金銭的に余裕があるからなのだが、金銭的に余裕を持つと、どうして寄付をしたいという衝動に駆られるのだろう。

その答えは簡単である。

大富豪たちは、言語化できるか否かは別として、自然の摂理を知っているからだ。

自然の摂理の一つとして、「振り子の法則」がある。

ご存知のように、振り子は片方に振り切ったあとで、もう片方に同じ高さまで振り切る。

便宜上《べんぎじょう》左側をプラスとし、右側をマイナスとしよう。

プラスに振り切った振り子は、何もしなければ、必ずマイナスの方向に振れる。

「紆余曲折《うよきょくせつ》」「人生は山あり谷あり」と言われる所以《ゆえん》は、自然界は振り子の法則の下に動いているからである。

大富豪たちはこれを本能レベルで知っているから、今のプラスの状態を維持するために可能な限り富を抱え込まないようにして、人類全体に分配しようとするのだ。

仮に、資産1兆円の大富豪がいたとしよう。

彼が雇っているプロの投資家チームに任せておけば、放っておいても翌年には数百億円増えている（万一失敗して同程度減ったとしても総資産から見れば微々《びび》たるものだ）。

毎年発表される世界大富豪ランキングを見ていると、そこには、ほぼ同じ顔触れが並び、しかもその額は年々増え続けていることに気づかされるだろう。

それは、ある分岐点《ぶんきてん》を超えるとお金がお金を呼び、資産は雪だるま式に勝手に増え続けるからである。

つまり、**大富豪たちは放っておいたらどんどん増殖する膨大な資産を、いかに抑えるかに意識を向けざるを得ないのだ。**

大富豪にとって寄付というのは、生きるための呼吸と同じなのだ。

換言すれば「卓越《たくえつ》して有能な選ばれし者は、各々の国家で定められた膨大な税金に加え、自分の意思で地球全体のことを考えて富を分配しなさい」という自然の摂理なのだ。

↓

寄付は、目に見えない世界の、バランスを取る効果がある

22

運を維持したければ、
運のいい時に
マイナスの状態を
人工的に創出する。

運の良さを科学的に研究している学者は世界中にいるが、彼らの研究成果を帰納すると次のようになる。

「独り占めしないで分かち合うこと」

要は「オープンに生きろ！」というわけだ。

私の経験からもこれは正しいと断言できるし、ぜひあなたには成功してもしなくても、できるだけ分かち合ってもらいたいと思う。

さらに、私があなたと分かち合いたい知恵は、もしあなたが運のいい状態になったらそれを維持する方法だ。

運が良くなることよりも、運のいい状態を維持することのほうが、長い目で見れば遥かに大切だからである。

私はその答えを、一代で東証一部上場企業を築いたオーナーから直伝で教わった。

彼は当時70代だったが、私が、

「会長は運のいい状態を維持していますが、どうすればそんなことができるのですか？」

と聞いたら、こう即答してくれた。

「運のいい状態にいる時に、自分からマイナスを創ればいい」

衝撃を受けた私は、彼にどんどん質問を繰り返したが、自分でマイナスを創り出す一例として、すでに触れた寄付があるということだった。

彼は、もうかれこれ何十年もの間、庶民から見たら途轍もない金額を、毎年某団体に寄付し続けているとそっと教えてくれた。

もちろんこれは一例であって、寄付がすべてというわけではない。

ただ、これを聞いた瞬間、私は理屈ではなく直感でこれは正しいと確信したのだ。

それ以来、私は少しでも自分が運のいい状態になると、ありとあらゆる手段を使って、少し神経質なくらいに積極的にマイナスを創出してきた。

サラリーマン時代も、それで運のいい状態を確実に維持できたたし、独立してからも同様に、運のいい状態を維持できている。

ちょっとしたコツを囁《ささや》いておくと、**相手から直接恩返しをしてもらわないほうがいい。**

無理に相手の恩返しを拒む必要はないが、自然の流れに任せて直接恩返しをしてもらえなければ、それはラッキーだと思うくらいが気楽に構えられてちょうどいい塩梅《あんばい》だ。

あなたが誰かに与えた分は、あなたが忘れた頃に別の誰かから複利になって返ってくる。

↓

今、運がいいと思ったら、あえてマイナスを創ってみよう

23

一発屋は
運がいい人ではなく、
運が悪い人だ。

どの世界にも、一発屋さんというのがいる。

一発屋さんは、一発も当てられない圧倒的多数の人たちから見たら、一発当てられただけでも羨《うらや》ましい存在かもしれない。

だが現実は、決してそんなことはないのだ。

一発屋さんは、束の間の成功者の仲間入りを果たしてしまったために、その栄光をずっと忘れられず、もう二度と貧乏生活には戻りたくなくなるのだ。

最初から貧乏生活を送っている人は、自分が不幸だとわからないからまだいい。

だが、一度でも成功してしまうと、もう元の貧乏に戻るのは死んでも嫌だと強く思うようになる。

その証拠に、過去の栄光がいつまでも忘れられないで、自ら命を絶ってしまう元成功者が毎年あとを絶たない。

つまり、一発屋さんというのは運がいい人に見えて、実は運が悪い人なのだ。

運が悪いからこそ一発屋さんとして持ち上げられて、次の瞬間にさっと梯子《はしご》を外されてしまったのだ。

一発屋さんが世に出ることができたのは、本当にただひたすら運のおかげだから、まるで再現性がない。

つまり、梯子を外されたら二度と自力で這い上がれないし、「過去の人」「一発屋」という強烈なレッテルが人々の心に刻み込まれるので、疫病神《やくびょうがみ》扱いされる。

私は、様々な業種業界でこういう一発屋さんを見てきたために、彼らを反面教師として、どうすれば一発屋さんにならないで済むのかを真剣に考え続けた。

その結果、自分は、できるだけデビューを遅らせたほうがいいということに気づかされた。

私の場合は、出版の世界で生きていきたかったから、まず処女作が出せないことには何も始まらない。

処女作の奥付は２００７年10月となっているが、実はその何年も前から出版できそうな〝安っぽい〟チャンスはいくつもあった。

だがそれらは、純度１００％で、会社の看板やただ運のおかげだと判断し、すべて断った。

その代わり、再現性を備えた圧倒的実力とエネルギーを蓄えに蓄え抜いて、今、この瞬間というチャンスは逃さなかった。

継続できるのが実力であり、運がいい証なのだ。

↓

再現性があるものが、真の成功

24

調子に乗って暴利《ぼうり》を貪《むさぼ》っていると、最初よりも貧しくなる。

私はこれまでに数多くの会社を見てきたが、寿命の短い会社には、ある共通点があった。

それは、儲かり始めるとすぐにつけ上がって、暴利を貪り始めるということだった。

もちろん、ビジネスはお金儲けが基本だから、お金を儲けるのは断じて悪いことではない。

ただ「これはちょっと異常だよね」「お客様が知ったらかなりの憎しみを買うよね」と、水準以上の大人であれば誰もが眉をひそめるような下品な稼ぎ方は、やっぱりダメだ。

たとえば、法律すれすれの高額商材販売業者やスピリチュアル系の怪しいセミナー講師、マルチ商法などは、ごく短期間で暴利を貪り、まもなく消息不明になる人も多い。

勝ち逃げのつもりなのか、世間から干されたのかは人それぞれだろうが、いずれにせよ最初よりも貧しくなっているのが普通だ。

もともと自分でも嘘だとわかっているサービスを提供しているために、超短期間で稼いで超短期間で逃げ切らなければならないというわけだ。

彼らの生い立ちや顔つきから丹念《たんねん》に調べていくと、就活ではまともな会社からは門前払いされそうな連中ばかりで、強烈なルサンチマンが漂ってくる。

医者や歯医者でも、自由診療をいいことに暴利を貪っている連中もいるし、ホテルやレストランでも、ただひたすら高いというだけの自称高級店は数多い。

こうして暴利を貪っている連中は、たくさんお金を貰っているのだからサービスはいいのかと思いきや、そうではない。

むしろ、彼らは暴利を貪っている自覚があるから、逆ギレしやすい傾向にある。

それもそのはず、暴利を貪っている連中はその業界の中では極めて地位が低く、軽蔑《けいべつ》されているから常に鬱憤《うっぷん》が溜まっているのだ。

自分たちは、業界内のよく知る人たちからは見下されているために、素人であるお客様の前では、お金を貰いながらも威張って見せたりするのだ。

いずれにせよ、もし成り上がって成功を継続させたければ、あなたのコンプレックスは早めに捨てることだ。


コンプレックスは、初期の頃には爆発的なエネルギーとして強烈な武器になるが、

いずれ手かせ足かせとなって、成功を継続させるためには邪魔になる。

成金たちが、いつまで経っても下流扱いされて上流の成功者たちの仲間に入れないのは、コンプレックスを捨てられないからだ。

コンプレックスを捨てられない人は、険しい顔をしているから、すぐに下流とバレるのだ。

↓

コンプレックスは捨て、継続的な成功を目指そう

25

善行はアピールした途端《とたん》、帳消《ちょうけ》しになる。

運を貯金する方法として効果絶大なのは、誰にも見つからないように善行を積むことだ。

「なぜあの人はいつも運がいいのだろう？」と不思議に思う人もいるかもしれないが、それはその人が人知れず善行を積んでいるからだ。

一番運のいい人は、本人も無意識のうちに、人知れず善行を積んでいるものだ。

だから、いくら善行を積んでいても「自分はこんなに善行を積んでいるのに……」と文句を言っている人は、やっぱり運が悪い。

大切なことなので繰り返すが、**善行は人知れず、無意識に積んでいくものなのだ。**

運が悪くなりたければ、この逆をすればいい。

善行をするたびに、その都度《つど》あちこちでアピールしまくるのだ。

善行それ自体はもともとプラスなのだが、それをアピールした瞬間に、すべてが帳消しになってゼロになる。

そしてさらに、アピールしたことによって周囲から嫌われて敵を増やすから、トータルとしては実質マイナスになってしまうのだ。

私がコンサル時代に、ある地方に長期滞在して仕事をしたことがあるが、その地元の名士として有名な、お金持ちのA氏がいた。

地元のメディアをすべて牛耳《ぎゅうじ》り、芸能人や国会議員たちもわざわざA氏のところまで挨拶をしに訪れるくらいだった。

A氏は毎年、あちこちの団体に莫大な寄付をしていたが、それを過剰にアピールし過ぎたために、地元の人たちからとても嫌われていた。

その地域では、A氏ほど稼いだお金を分かち合っていた人はいないはずなのに、彼ほど悪口を言われて嫌われていた人間はいなかったのだ。

私がA氏をどれだけ分析してみても、善行をアピールする野暮《やぼ》さ以外に、A氏の欠点は見つからなかった。

つまりA氏のようなタイプは、善行をすればするほど逆に不幸になってしまうという、貴重な反面教師だった。

「善行は悪行と同じく人の憎悪を招く」

というニッコロ・マキャヴェリの言葉を思い出し、思わず笑ってしまいそうになったが、A氏の場合は、自社のメディアまで駆使した自分の善行の過剰なアピールがそれに拍車《はくしゃ》をかけたようだ。

少なくとも、善行を人知れずやっていれば、人の憎悪は最小限に留められたはずだ。

↓

人知れず善行を行うことが、最も運を引き寄せる

26

人・場所・時を
変えて
忘れた頃に
返ってくる運気は、
途轍もなく大きい。

運の仕組みは、そのうちスーパーコンピューターによってすべて解明されるだろう。

だが、それまで待つのは時間の無駄なので、現時点で確からしいことを実行し、習慣化するのが賢明な生き方というものだ。

本書では、すでに運の仕組みは何度も述べてきたが、とても大切なことだと思うので、ここでも別のアプローチで運の仕組みについて述べたいと思う。

運の特性として、人・場所・時を変えて忘れた頃に返ってくる場合は、途轍もなく大きくなっているということが挙げられる。

たとえば、あなたがＡさんに親切にしてあげたとしよう。

もし、Ａさんがその場であなたに「ありがとう」とお礼を述べて、あなたに何かを返してくれたらそれで終了だ。

お互いにwin-winの関係だから、それはそれで見事にバランスが取れている。

しかし、あなたがＡさんに親切にしてあげたのに、Ａさんからは何も返ってこなかったとしよう。

だけど、数日後に通りすがりのあなたの知らないＢさんから、あなたは親切にされるのだ。

このカラクリを解明すると、こうなる。

数日前にあなたから親切にされたAさんは、あなたの知らないところでBさんに親切にしていた。

その結果として、Bさんは本人の知らないまま導かれて、あなたに親切にしてくれたのである。

これも自然の摂理だ。

現実社会には、Cさん、Dさん、Eさん……Xさん、Yさん、Zさんまでもっとたくさんの人がいる。

だから、あなたがAさんにしてあげたことが、完全に忘れた数年後や数十年後に、Zさんから返ってくることだってあるのだ。

その場合は、数日後にCさんから返ってくる親切のスケールよりも、数年後や数十年後にZさんから返ってくる親切スケールのほうが、桁違《けたちが》いに大きくなっているというわけだ。

これらは、「一見すると不規則で予測できない現象には、初期条件のわずかな違いに起因《きいん》するものがある」というカオス理論や、「北京で蝶が羽ばたくと、ニューヨークで嵐が発生する」というバタフライ効果を彷彿《ほうふつ》とさせる。

運を支配する、自然の摂理があることを知ろう

27

何も花の咲かぬ
時期には、
たくさん
種を蒔いておく。

口にするかどうかは別として、どんな人でも調子のいい時期と悪い時期が必ずある。

長期的に成功し続ける人と、そうでない人に差がつくのは、調子のいい時期ではなく、調子の悪い時期においてである。

調子のいい時期には、誰もが成功したふりができるが、調子が悪い時期は、多くの人たちが一斉に落ちぶれる。

日本でも今から30年ほど前に、「バブル経済」と呼ばれた時期があったが、その時期は、誰もが自分はできる人間だと錯覚《さっかく》することができた。

猫も杓子《しゃくし》も、１万円札を見せてタクシーを拾っていた時代だ。

ところが、その数年後に大不況が訪れて、リストラや倒産の嵐が到来した。

多くの人々が慌てふためいたのに対して、逆に笑っていた人もごく少数だが存在した。

周囲が慌てふためいている時に笑いが止まらない人こそが、本当に仕事ができる人だ。

平均点が80点のテストで80点を取っても価値はないが、平均点が30点のテストで

80点を取れば価値がある。

本当の実力者というのは好不況無関係だし、平均点にも左右されない絶対的な存在だ。

そんな絶対的な存在になるためには、どうすればいいのか。

それは周囲に流されずに、日々粛々と種を蒔き続けることである。

そして蒔いた種に水をやって、きちんと育てることである。

周囲が群がってバカ騒ぎしている間に、さっさと家に帰って1ページでも本を読むのだ。

周囲がナァナァの付き合い残業をしている間に、あなたは颯爽《さっそう》とオフィスを飛び出して、習い事で自分の能力を磨くのだ。

人生で大きく差がつくのは、みんなが群がって騒いでいる間に、どれだけ孤独に自分を磨き抜いたかによる。

似たような大学を卒業して似たような会社に入社したのに、20年後には社会的地位も収入も桁違いになるのは、日々粛々と継続して孤独に勉強したか否かによるのである。

調子のいい時期も悪い時期も、好不況も関係ない。

学生時代は自分より成績が悪かったのに、膨大な教養を身につけている相手は、あなたが群れて騒いでいた間に、孤独に20年間本を貪り読んでいたのだ。

留学経験もないのに英語が話せるのは、安易に群れずに、孤独に20年間勉強したからだ。

調子の悪い時期の過ごし方で、大きな差がつく

28

本気で運が
良くなりたければ、
運のいい人の
コバンザメで
生きること。

運の良し悪しは、生まれながらにして、すでに決まっていると考える人は多い。

綺麗事《きれいごと》を抜きにすると、歴史に名を残すような人物には、生まれながらにしてそれなりの運が備わっていると私も思う。

運が備わっていると、富や人が放っておいても吸い寄せられるから、結果として必然的に繁盛するわけだ。

だが、もしあなたがそうした運気の持ち主でないとしても、大丈夫だ。

古今東西《ここんとうざい》の歴史上の人物たちがそうしていたように、運のいい人のコバンザメに徹して生きればいいのだ。

コバンザメと聞くとちょっとカッコ悪いと思うかもしれないが、**選ばれし運の持ち主でない限り、コバンザメ以外で成功する道はない。**

一番ダメなのは、自分でも薄々《うすうす》運が悪いことに気づいていながら「自分は運がいい！」と虚勢《きょせい》を張ったり、「コバンザメ人生なんてカッコ悪い！」と、文字通り雑魚《ざこ》として運の悪い者同士で群がったりする人生だ。

笑い事ではなく、世の中の大半の人々はこうした雑魚で人生を終えてしまう。

これを読んでゾッとした人は、まだ見込みがある。

本気で人生を変えたければ、まずありのままの現実を受容することがすべてのスタートだからである。

私もサラリーマン時代は、運のいい人のコバンザメに徹して生きてきた。

まるで織田信長《おだのぶなが》と豊臣秀吉《とよとみひでよし》の関係のようだが、それでいいのだ。

秀吉は信長のコバンザメに徹したことにより、信長から様々な幸運をもらっていたのだ。

信長のコバンザメでいる限り、食べていける。

信長のコバンザメでいる限り、虎《とら》の威《い》を借《か》る狐《きつね》として堂々と生きていられる。

信長のコバンザメでいる限り、思考回路を習得できる。

秀吉は信長にしがみついて生きなければ、自分に明るい未来はないことを熟知していたため、どんな無理難題でも解決しようとしたし、どんなに理不尽な対応をされようとも、ふて腐れることはなかったはずだ。

翻《ひるがえ》って、あなたはどうだろうか。

ひょっとしたら、周囲のコバンザメを嘲笑ってはいないだろうか。

コバンザメを嘲笑っていると、いずれあなたはそのコバンザメに抹殺《まっさつ》されるかもしれない。

強運の持ち主に付き従うことに、躊躇《ちゅうちょ》しない

29

本気で運が悪くなりたければ、運のいい人の陰口《かげぐち》を言えばいい。

本書の読者にはまずいないだろうが、もし運が悪くなりたいという人がいれば、実に簡単な方法がある。

日々せっせと群がって、その場にいない運のいい人の陰口を言い続ければいいのだ。

たったこれだけのことで、日々刻々と運が悪くなっていくことができる。

私がなぜこんなことをいちいち述べるかといえば、世の中の大半の人々が運の悪くなる生き方をしているからだ。

運のいい人の陰口を言うと、なぜ運が悪くなるのか。

それは、**運のいい人を遠ざけるからである。**

ただでさえ運が悪いのに、その上、運のいい人の陰口を言っていては、運のいい人と仲良くなれるはずがない。

偶然近くを通りかかった運のいい知人は、群れて陰口で盛り上がっているあなたを見て、「あっち側の人」と距離を置くに違いない。

すでに述べたように、運の悪い人がどうしても幸せになりたければ、運のいい人に運気をお裾分けしてもらうために、コバンザメとして生きるしかないのだ。

にもかかわらず、分をわきまえずに運のいい人の陰口を言っていると、いつまで経っても負のスパイラルから抜け出すことができない。

もしあなたが、現在、群れて運のいい人の陰口で盛り上がっているグループに属しているなら、即刻その群れから飛び出すことだ。

「そんなことをしたら友だちがいなくなってしまいます！」

そんな悲鳴が聞こえてきそうだが、運の悪い連中しか友だちがいないなら、友だちなんて一人も要らないのだ。

運の悪い連中とは綺麗サッパリ絶縁して、まずは人生をゼロベースに戻すことだ。

そして、今まで無駄に垂れ流し続けてきた膨大な時間を、すぐさま孤独に勉強することに充てることだ。

孤独に勉強してあなたが魅力的になれば、必ず素敵な出逢いが巡ってくる。

運のいい人の特徴として、孤独をこよなく愛することが挙げられる。

本当の出逢いというのは、お互いに孤独な者同士でしか生まれない。

孤独に自分を磨き込んできた人たちは、同じ種類の人間だと直感でわかるものだ。

運のいい人と出逢ったら、あとは自然の流れに身を委《ゆだ》ねるだけでいい。

運のいい人を遠ざけることは、非常に愚かなこと

30

運のいい人は
ますます良くなり、
運の悪い人は
ますます悪くなる。

世の中には、二通りの人しか存在しない。

運がどんどん良くなる人と、運がどんどん悪くなる人だ。

中間は存在しないのだ。

どうしてそんなことが起こるかといえば、それが自然の摂理だからだ。

あなた自身を含めて、あなたの周囲をぜひ虚心坦懐《きょしんたんかい》に振り返ってもらいたい。

20年前と比べて、人はどうなっているだろうか。

努力家だった人はますます努力家になり、怠け者だった人はますます怠け者になっているのではないか。

太っていた人はますます太り、痩《や》せていた人はますます痩せているのではないか。

爽《さわ》やかだった人はますます爽やかになり、ねちっこかった人はますますねちっこくなってはいないだろうか。

もちろん、一部例外もいるだろうが、それは例外だから際立《きわだ》つに過ぎない。

少なく見積もっても8割以上の人は、放っておくと、よりその人らしくなっていくものなのだ。

もちろん例外の、２割未満のプラスに方向転換できた人たちは、人生のどこかで

「これはアカン！」と気づき、命がけで舵《かじ》を切ったのだ。

もしあなたが、日々刻々と運が悪くなっているグループだという自覚があるのであれば、それは非常に幸運だ。

なぜなら、本書に出逢って、運のいいグループに方向転換する方法を学べるからだ。

解決策はすでに述べたように、隣にいる顔ぶれを変えることだ。

隣にいる顔ぶれを変えるということは、つまり生きている世間を一新させるということだ。

大企業であれば、異動届を出すのも手だろう。

異動しても隣にいる顔ぶれが変わらないような小さな会社であれば、転職や独立するに限る。

「本当に、そこまでする価値があるのですか？」

興奮してそんな質問をしてくる人がいそうだが、もちろんそこまでする価値はある。

この世で、運が悪くなるほどの不幸は存在しないのだから。

運が悪くなる人生は、いかなる手段を使ってでも方向転換させるべきなのだ。

↓

周りが運のいい人たちばかりになるように、
人生の方向転換をしよう

第4章

目に見えない
大いなるものに対する「畏れ」が
長期的成功のカギ

31

I was born. の"was"が命。

I was born. と表記《ひょうき》するように、日本語も英語も「生まれる」はどちらも受け身であることの深さを、詩人の吉野弘《よしのひろし》が私たちに気づかせてくれた。

言うまでもなく、ここで大切になってくるのは be 動詞の“was”である。

私たちは、自分で生まれたのではなく、生んでいただいたのだ。

そして**私たちは、自分で生きているのではなく、生かされているのだ。**

人は偶然に生まれ、懸命《けんめい》に生き、そして誰もが絶対、必ず、100%の確率で死ぬ。

人の一生というのはそういうものだが、この事実を正面から受容できている人はとても少ないのではないだろうか。

もし、この揺るぎない事実を正面から受容している人がいたら、時代に左右されることもなく、人に流されることもなく、ただ粛々と自分の成すべきことを成しているはずだ。

それが、本当に幸せな人生ではないだろうか。

私たちは生んでいただいたのであり、生かされているという受け身には、依存心は微塵《みじん》も含まれていない。

この受け身に含まれているのは、ひたすら感謝の念であり、自立心なのだ。

奇跡的に授かった命に感謝するから、精一杯生きようと自立心が芽生えてくるのだ。

生かされていることは当たり前ではないと感謝するから、どうせならこの人生を通して成長しようと自立心が芽生えてくるのだ。

換言すれば、自分が自力で生まれてきたと思っている人には感謝の念はないし、自分の力だけで生きていると思っている人は、本当の意味では永遠に自立できない。

そう考えると、I was born. をより深く味わえないだろうか。

我々は、まず産んでもらえなければこの世に存在しなかったのであり、もし何かの手違いで産んでもらえなければ、何も始まらなかったのだ。

そして産んでもらえる可能性よりも、産んでもらえない可能性のほうが桁違いに高いという現実を踏まえれば、感謝を超えた「畏れ」が、あなたの心の中に生まれるはずだ。

人がこの世に生まれる確率を計算した学者もいるが、それは宝くじの1等賞が連続で何度も当選するくらいに、あり得ない奇跡だ。

この奇跡は、決して自力で生み出せるものではなく、それは、あなたが何かを託されているということになるのだ。

そう考えると、今、この瞬間に感謝したくなるだろう。

↓

私たちは生んでもらい、そして生かされている

32

もし神が
存在するならば、
それはあなたの
心の中である。

世界中で神の存在を信じている人は多いが、その神はどこに存在するのか。

それは、すべての人の心の中である。

あなたの心の中に、神は存在するのだ。

だからこそ、人類はみな兄弟であり、万物は繋がっているということなのだ。

正確には、神というのは人間の形をした髭を生やしたお爺さんではなく、モヤモヤとして掴みどころのない、エネルギーの塊だと考えるとわかりやすい。

変幻自在《へんげんじざい》で臨機応変《りんきおうへん》。

いつでもどこでも誰にでも、自由自在に入り込める。

光のイルミネーションのように無数の電球に光が灯るように、すべての人の心に同時に入り込んで、神は我々を生かしてくれているのだ。

だから国や時代は違っても、良心とか喜怒哀楽のような根っこの感情は普遍だ。

それは神の意思であり、我々人間にとって必要なものだから、ア・プリオリなものとして予《あらかじ》めインプットされているのだ。

こういう事実を知っておくと、本能に背くのは自然の摂理に反する行為だということがわかるのではないだろうか。

眠いのを我慢するのは、自然の摂理に反している。嫌なことを嫌々やるのは、自然の摂理に反している。

トラウマは、辛いのに何度もそれに立ち向かうためにあるのではなく、二度とあなたにそれをやらせないためにあるのだ。

病気になったり人間関係で悩んだりするとき、原因の原因である真因を突き詰めると、たいていは自然の摂理に反したことをやらかしたことに行き着くものだ。

一流の芸術家たちは揃いも揃って、〝神を探している〟という表現を使う。

かのポール・セザンヌも風景画を描きながら、「私は神を探している」と呟《つぶや》いたと聞く。

なぜ彼らが必死に神を探すのかといえば、自分たちの心の中に神が存在することをよく知っているからだ。

彼らは、自分たち個人の腕が一流なのではなく、自分たちの心の中の神に出逢った瞬間に、いい作品に導かれると信じているのだ。

バッハやワーグナーの音楽に世界中が魂を揺さぶられ続けるのは、それらの曲を通して、人々の心の中に存在する神が共鳴し、語り合うからなのだ。

本能に背くのは、自然の摂理に反する行為である

33

形而下学は、
形而上学には
永遠に勝てない。

形而上とは文字通り「形を超えたもの」「精神世界」だ。

神だとか愛や憎しみといった形のないものは、すべて形而上のものだ。

芸術家や小説家は、こうした形而上のものを形象化《けいしょうか》して、本来は形のないものに形を与えて表現していく。

形而下とはその逆で、「形のあるもの」「物質世界」である。

仏の存在を形象化して仏像を創ったり、小説で情念の世界を描いたりするのが、形而上を形而下にするという人類の営みだ。

ここで面白いのが、形而下学は形而上学を否定する傾向にあるが、形而上学は形而下学を包み込む傾向にあるということだ。

たとえば、これは企業経営において、私はよく目の当たりにしてきた。

とりわけ創業者や企業オーナーには形而上的な人の比率が高く、No.２の側近は高学歴で形而下的な人の比率が高かった。

この関係は、どちらが上でどちらが下というのではなく、完璧に役割分担になっていた。

創業者の形而上的な曖昧模糊《あいまいもこ》とした概念を、No.２の側近がせっせと科学的に形象化して、形而下に落とし込んで部下に伝えていたのだ。

これは、自然の摂理だと私は確信している。

そして、我々経営コンサルタントは、そうしたNo.2から「もうやっていられませんよ〜」と散々《さんざん》愚痴を聞かされたものだ。

しかし、No.2は創業者を前にするとイエスマンに豹変《ひょうへん》し、米つきバッタのようにペコペコしていたのは、自分がNo.2でいられるのはその創業者のおかげだと知っていたからだ。

世界中の科学者たちは、科学者であると同時に、宗教も信じていることが多い。

かの天才物理学者アインシュタインの名言にも、形而上的な〝神〟に関するメッセージが複数存在する。

形而上学をどれだけ否定しようとも、人類が形而下に形象化できるものは限られており、結局のところ形而下は形而上に屈服《くっぷく》せざるを得ないことをよく知っているのだ。

形而上と形而下の関係に限らず、この世のあらゆるものは、一方的に否定するものは、一方的に否定せず包み込む存在に最終的には頭を下げざるを得ないのだ。

器の小さい存在は、器の大きな存在にいずれ必ず包み込まれるのだ。

↓

この世のあらゆるものは、器の大きな存在に包み込まれる

34

形而上学に
畏怖の念を抱き、
形而下学を
真摯《しんし》に学ぶ。

「形而下学は形而上学に永遠に及ばない」という話はすでに述べたが、では形而下学を学んでも意味がないのか。

もちろん、それは間違いである。

我々は、生涯を通して形而下学を学ぶべきであり、知らないことを少しでも知るべきだ。

なぜなら、それが我々人類に与えられた使命であり、自然の摂理だからである。

なぜ人類は地球上の生物で、二位以下に大差をつけて頭脳が発達しているのかといえば、人類は頭脳を鍛え抜くことで幸せになるように、この世に送り出されたからである。

そんなことは、我々の身体の構造を少し見れば、一目瞭然《いちもくりょうぜん》ではないか。

自然の摂理として、使わないものは退化し、使うものは進化していくというものがある。

たとえば、筋肉がその好例だ。

ほとんど使わない筋肉は日々衰え続けるし、頻繁《ひんぱん》に使う筋肉は日々発達し続ける。

同様に、使わない頭は日々悪くなるし、よく使う頭は日々良くなるということだ。

人類は、他の生物に比べて腕力による生存競争には滅法弱いが、頭脳による生存競争となれば地球上を征服することができてしまう。

だったら、この異様に発達した我々の頭脳を磨き上げない理由はないはずだ。

そのために、人類は様々な学問を生み出し、自分の才能や嗜好《しこう》によってそれを選択できるようにしたのだ。

文科系や理科系といったせこい区分は気にせずに、自分のできることに没頭《ぼっとう》すればいい。

我々がどれだけ勉強したところで、この世の真理の全貌《ぜんぼう》を解明することなどできないが、それでいいのだ。

どれだけ人類が勉強しようとも、自然界から見れば針の穴程度のことでワイワイやっているに過ぎない。

それでも、私たちは学ぶのだ。

学び続けるのだ。

理想としては、形而上学に畏怖の念を抱きながらも形而下学を真摯に学ぶことだ。

形而上学に対する畏怖の念を忘れたら、その形而下学は危険だ。

なぜなら形而下学は、形而上学から生まれた子どもだからである。
起源を知ろうとしない、敬おうとしない姿勢は、学ぶ姿勢からは最も遠いのだ。

↓

我々は生涯通して学び続け、知らないことを少しでも知るべきである

35

長期的に業績《ぎょうせき》のいいメーカーの工場では、粛々と作業が進められている。

私がコンサル会社に転職して最初に受注したのは、某老舗《しにせ》メーカーの仕事だった。自分で受注した最初の仕事だっただけに、今も鮮明に憶えており、それ以来受注したすべての仕事は、その顧問先を基準に考えるようになったものだ。

とりわけメーカーとなるとその傾向は強く、仕事をこなすたびに次第に目利きができるようになった。

たとえば、長期的に業績のいいメーカーは、パッと工場の外観《がいかん》を見ただけでもわかる。

地味で無機質だけど、よく手入れがされているとわかる工場は、80％以上の確率で業績がすこぶるいい。

トヨタ自動車やパナソニックが、その究極の典型だ。

反対に、派手でお洒落《しゃれ》だけど手入れを怠っているとわかる工場は、ほぼ１００％の確率で業績が悪いか、まもなく衰退《すいたい》の一途《いっと》を辿る。

実は、ここ最近そんな会社が急増中だ。

さらに工場内に入ると、より目利きの精度は高くできる。

長期的に業績のいいメーカーの工場では、規律正しく粛々と作業が進められているのに対して、斜陽化中《しゃようかちゅう》のメーカーの工場は、どこか緩《ゆる》くて賑《にぎ》やかだ。

前者の工場は床がピカピカに磨き上げられて、モノも少なくスペースに余裕があるのに対して、後者の工場は床が汚くて、モノも溢れていて窮屈《きゅうくつ》な印象を受ける。

誤解してもらいたくないが、地味で無機質な外観の工場にすれば業績が上がるわけでもなければ、床をピカピカに磨き上げれば売上がアップするわけでもない。

それらは結果であって、本質ではない。

本質は、成すべきことを成した上で、外観や床の手入れをするだけのゆとりがあるという状態にあることなのだ。

外観や床の手入れをするだけのゆとりを持つためには、規律正しく粛々と作業を進められる人材を育成しなければならないということだ。

プロとして成すべきことを成す人は、決して奇抜《きばつ》さを好まないし、ナァナァの人間関係に嫌悪感を抱くものだ。

結果として、それが現象面に表れるというだけの話だ。

以上のことから、運は混雑《こんざつ》を嫌い、奇抜さを軽蔑するという法則が導き出せる。

混雑や奇抜さが価値を下げるのは、格安ショップやバーゲンセールで一目瞭然だろう。

運は混雑を嫌い、奇抜さを軽蔑する

36

その紙一重《かみひとえ》に、運気は宿る。

「細部《さいぶ》に神は宿る」というのは、サービス業で働くプロなら誰もが知る名言である。たとえば、私は日本に一流ホテルは本当に少ないと思うが、その象徴的なことととして、部屋の掃除が行き届いていない点が挙げられる。

北陸の有名な老舗旅館にしても、京都にある桁違いに高い有名外資系ホテルにしても、部屋のある部分にサッと指で線を引くと、真っ白な埃《ほこり》が付着したものだ。念のため付け加えておくと、決して粗探《あらさが》しをしないとわからないような部分ではなく、宿泊者なら誰でもほぼ確実に目が行く部分である。

あるイベントで、沖縄№1と噂されるホテルに招かれた際は、宿泊した部屋の引き出しに、べっとりとコーヒーが付着したままのスプーンが放り込まれていたのを見て、失神しそうになった。

以上のことは、偶然とか、たまたまではない。

なぜなら、いずれもうっかりミスではあり得ないミスばかりだからである。

部屋の埃については、その部分まで掃除するように教育が徹底されていないからであり、総支配人やマネージャーのだらしない頭の中が露呈されているのだ。

スプーンにコーヒーが付着していたことについては、清掃係が目で見て「これならＯＫ！」と判断したものは洗わないという、衛生上の教育すらできていない証拠である。

いずれも私はその後、追跡調査をしたが、どんどん化けの皮が剥がれ続けて、中には大口の取引を完全に中止させられてしまった気の毒なホテルもある。

もう一流からは相手にされないから、次第に二流や三流、四流を相手にしてブランドを落としながら醜く生き延びなければならないことになるだろう。

ほとんどのサービス業は、そうして消滅していくのだ。

以上は、サービス業に限った話ではない。

運気というのは紙一重に宿るのであり、どうせプロとして仕事をするなら、その紙一重を妥協《だきょう》しないことが大切なのだ。

たとえば、英語の勉強をするのなら英検2級に甘んじるのではなく、あとひと踏ん張りしてでも準1級以上を取得することだ。

大学でも、国立なら旧帝大や神戸大以上、私立なら早慶に入っておくと、就活のみならず、その後の人生が随分《ずいぶん》有利に拓きやすい。

こんな真実はわざわざ誰も教えてくれないが、だからこそ人生の決定打になるのだ。

紙一重に妥協しない生き方が、人生を拓く

37

目に見えるものが「信用」であり、目に見えないものが「信頼」である。

人生でもビジネスでも、信用は大切だ。

誰からも信用されなければ孤立無援《こりつむえん》になってしまい、もはや、まともに社会で生きていくことはできない。

では、信用とは何か。

信用とは、目に見えるものである。

たとえば、紙で契約を結ぶのは、目に見えるものだからそれが信用になる。

契約書に押印《おういん》するのも、目に見えるものだから、もちろん信用だ。

そうした目に見える信用を地道に日々蓄積していくことによって、今度は目に見えない「信頼」というステージに上がることができる。

信頼とは、顔を見ただけで「あなたなら、大丈夫ですよ」という顔パス状態のことをいう。

紙約束が信用とすれば、口約束《くちやくそく》は信頼となる。

あなたも、周囲を見渡せばわかるように、口約束を信じてもらえる人は確実に信頼できる相手だろう。

そうでなければ、口約束を信じてもらうことなど到底できないからだ。

実は、出版業界も口約束で仕事が進められることが多い。

出版社が著者に出版依頼をする場合、まだ何も書いていないわけだから具体的な約束は何もできない。

著者はいったん引き受けたものの、やっぱり書けなかったということは珍しくない。

まだ本を出したことがない新人に対しては、まず概要や目次案を提出してもらったり、内容を小出しにチェックさせてもらったりしながら執筆を進めてもらうことも多い。

これらはすべて、**信用や信頼の度合いによって決まってくる。**

現在の私は「こんなテーマでお願いします」とメールが送られてきて、原稿を私が書き、数ヶ月後に本になって、書店に並ぶ頃に出版契約書を交わすことが多い。

中には、印税はとっくに振り込まれていたのだが、お互いに契約書を交わすのをすっかりと忘れていて、数年後に慌てて契約書を交わしたという出版社もあった。

サラリーマン時代も、ある水準に達したのを機に、目に見える企画書をわざわざ作成する必要がなくなった。

最初は愚直《ぐちょく》に信用を積み重ねながら、次第に信頼を獲得していくのが人生なのだ。
信頼を築くには膨大な月日を要するが、崩壊《ほうかい》させるのはほんの一瞬だ。

↓

愚直に信用を積み重ねることこそが、信頼を獲得する道

38

地球温暖化も
原発問題も、
自然界にとっては
想定内である。

もうずいぶん前から、オゾン層の破壊や地球温暖化問題が叫ばれてきた。

その対策の一環として、１９９７年には、世界中から１７０以上の国が集まって、「京都議定書《きょうとぎていしょ》」という法的拘束力《ほうてきこうそくりょく》のある文書が採択《さいたく》された。

さらに、１９８６年のチェルノブイリ原発爆発事故や、２０１１年の東日本大震災によって起きた福島第一原発事故によって、原発問題も世界の注目の的となっている。

もともと、科学とは西洋で生まれたものであり、日本人とは相容《あいい》れないものだった。

なぜなら、科学を学ぶ際には、自然を人間と切り離して客体化《きゃくたいか》しなければならず、日本人の、自然と人間を一体化させてきた歴史とは、対極の関係にあったからである。

明治・大正の日本を代表する医学者だった森鴎外《もりおうがい》も、ドイツ留学の際に、日本をよく知るドイツ人から「日本には自然科学を育む土壌《どじょう》がない」と忠告され、大いに不安になっている。

そのくらい、日本人は科学を受容するのには、もともと抵抗があったのだ。

だが、紆余曲折を経て、もともと勤勉で頭のいい日本人は、見事に科学を習得して西洋文明も表面だけは獲得することができた。

欧米ほどではないにせよ、これまでに自然科学分野におけるノーベル賞も複数獲得している。

極論すると、古今東西の科学者たちの好奇心の集大成が原子力なのだ。

それでは、地球温暖化や原発問題は科学者たちだけの責任なのだろうか。

そんなはずはない。

なぜなら、科学者ではない一般の人々が便利な生活を受け入れ、それを「もっと、もっと」と要求するようになったからこそ、科学者たちもそれに応えたに過ぎないからである。

つまり、地球温暖化も原発問題も特定の誰かの責任ではなく、人類すべての責任なのだ。

これから人類は自然を回復させるのに、想像を絶する苦労を強いられるはずだ。

なぜなら、自然界は有機的であり、すべてが調和し合いながら成り立っているからだ。

地球温暖化や原発問題は、完璧にバランスが取れていた有機的な自然界を無機的な道具として勘違いして利用しようとしたことに起因する。

それでも私は、**人類にとって科学は不可欠であり、自然界に打ちのめされながらも試行錯誤を何度も繰り返し、挑戦し続けるのが使命だと思う。**

自然界は、人類が反省する能力があることを当然知っており、すべては想定内だからである。

我々は、あらゆることを反省しながら、試行錯誤をくり返し、前進すべきである

39

人類が自然界を
１００％客体化
することは、
不可能である。

科学は、人間が自然界を客体化することによって生まれたことは、すでに述べた通りだ。

では、人類が自然界を１００％客体化できるかといえば、それは不可能である。

なぜならば、我々がそもそも自然界の一部だからである。

自然界の一部である人類が、勝手に自然界から自分たちを切り離して、まるで神様目線のように自然界を見下ろすことはできないのだ。

つまり、科学をマクロで見ると、タコが自分の足を食べている状態なのだ。

自然界を破壊しながら何かを創造するということは、同時に、人類の何かを破壊していることになるわけだ。

もちろん、自然界を何一つ破壊してはいけないわけではない。

自然界を何一つ破壊しないで人類が生きていくことは、それ自体が不可能なことであり、自然の摂理に反している。

我々人類が自然界を破壊することは、自然界は承知してくれている。

問題は、度を超えた場合であり、感謝の念を忘れてつけ上がり過ぎた場合なのだ。

たとえば、ちゃんと分配すれば食糧不足など起こるはずがないのに、分配に大きな偏《かたよ》りがあるのならそこで調和が崩れる。

あるいは、本当に必要な分だけ森林を伐採《ばっさい》していれば何も問題はないのに、人類の欲望が度を超えると、そこで調和が崩れる。

「このくらいなら大丈夫」「なかったことにできる」といった人類の安っぽい過信は、自然界を激怒させる気がするのだ。

大切なのは、大学院の博士課程で習う難しいことではなく、幼少の頃から家庭で教わってきた誰もが知っていることだ。


ご飯を食べる前には「いただきます」と合掌して言うこと。

ご飯を食べ終わったあとには「ごちそうさまでした」と合掌して言うこと。

すべてはここから始まるのだ。


「いただきます」とは、他の誰かの命をいただくという意味だ。

我々が食べるのは野菜であろうが肉であろうが、すべては自分以外の命だからである。

「ごちそうさま」は漢字で「ご馳走様」と書くが、これは、食材を調達《ちょうたつ》するために他人が走り回ってくれたことに対する感謝の念である。

我々が自然界の一部である以上、感謝の念と、足るを知る精神を忘れてはいけないだろう。

↓

「いただきます」と「ごちそうさまでした」の心を忘れてはいけない

40

あなたの人生の真価は、誰にも見つからなかったことの集大成《しゅうたいせい》である。

これまで出逢ってきた1万人以上のビジネスパーソンによって気づかされたもので、私自身への戒《いまし》めともなっている、ある法則がある。

それは、「人生の真価は誰にも見つからなかったことの集大成である」というものだ。

あなたの人生の集大成は、人前で褒められたり叱られたりしたことではなく、誰にも見られていない時に何を考え、どう生きたかで決まるということだ。

誰にも見られていない時に美しい生き方をしている人は、最終的に美しい人生を送っている。

誰にも見られていない時に醜い生き方をしている人は、最終的に醜い人生を送っている。

誰にも見られていない時の生き様の蓄積が、その人の表情や雰囲気を創っているのではないだろうか。

私が仕事でご一緒させてもらったエグゼクティブの中には、比率としてはとても低いが、逮捕された人やマスコミにスクープされて世間から干されてしまった人も何人かいる。

今だから正直に告白するが、そうなる前から、どこかそうなりそうな雰囲気を醸《かも》し出していたものだ。

これは私だけではなく、同僚たちも「やっぱり」と本音を漏《も》らしていた。

その理由は簡単で、表情が陰湿《いんしつ》だったからだ。

言葉遣いや立《た》ち居《い》振《ふ》る舞《ま》いは申し分ないのだが、顔つきがいつも何か悪いことを企んでいるような印象を与えるのだ。

その後明らかになったのだが、やはり表情は嘘をついておらず、誰も見ていない場所で陰湿なことを山のようにしていた。

反対に、出逢った時は小さな会社のどこか冴えない社長さんだったとしても、目が無垢《むく》で顔が太陽のように輝いていた人たちは、その後間違いなく大成している。

どうして目が無垢で顔が太陽のように輝いていたかといえば、誰も見ていない場所で清々《すがすが》しく生きていたからではないか。

「人を見かけで判断してはいけません！」は反論の余地のない正論に聞こえるが、ここ最近の科学では、どうやらそれが間違いであることがわかってきている。

人の生き様は顔に見事に露呈され、人相学《にんそうがく》は科学的にも正しいことが証明されてきた。

人前では多くの人たちが本音を隠して、笑顔を振りまくものだ。

だが、本当は人に見られていない場所で何を考え、どう動いているのかがその人の本質だ。

あなたの顔は、あなたが誰にも見られていない場所で何をしてきたかのバロメーターなのだ。

↓

誰にも見られていない時のあなたが、本当のあなた

さて、墓参りに行くとしよう。

千田琢哉著作リスト

（2017年8月現在）


〈アイバス出版〉

『一生トップで駆け抜けつづけるために20代で身につけたい勉強の技法』

『一生イノベーションを起こしつづけるビジネスパーソンになるために20代で身につけたい読書の技法』

『1日に10冊の本を読み3日で1冊の本を書く ボクのインプット＆アウトプット法』

『お金の9割は意欲とセンスだ』


〈あさ出版〉

『この悲惨な世の中でくじけないために20代で大切にしたい80のこと』

『30代で逆転する人、失速する人』

『君にはもうそんなことをしている時間は残されていない』

『あの人と一緒にいられる時間はもうそんなに長くない』

『印税で1億円稼ぐ』

『年収1,000万円に届く人、届かない人、超える人』

『いつだってマンガが人生の教科書だった』


〈朝日新聞出版〉

『仕事の答えは、すべて「童話」が教えてくれる。』


〈海竜社〉

『本音でシンプルに生きる！』

『誰よりもたくさん挑み、誰よりもたくさん負けろ！』

『一流の人生 － 人間性は仕事で磨け！』


〈学研プラス〉

『たった2分で凹みから立ち直る本』

『たった2分で、決断できる。』

『たった2分で、やる気を上げる本。』

『たった2分で、道は開ける。』

『たった2分で、自分を変える本。』

『たった2分で、自分を磨く。』

『たった2分で、夢を叶える本。』

『たった2分で、怒りを乗り越える本。』

『たった2分で、自信を手に入れる本。』

『私たちの人生の目的は終わりなき成長である』

『たった2分で、勇気を取り戻す本。』

『今日が、人生最後の日だったら。』

『たった2分で、自分を超える本。』

『現状を破壊するには、「ぬるま湯」を飛び出さなければならない。』

『人生の勝負は、朝で決まる。』

『集中力を磨くと、人生に何が起こるのか？』

『大切なことは、「好き嫌い」で決めろ！』

『20代で身につけるべき「本当の教養」を教えよう。』

『残業ゼロで年収を上げたければ、まず「住むところ」を変えろ！』

『20代で知っておくべき「歴史の使い方」を教えよう。』


〈KADOKAWA〉

『君の眠れる才能を呼び覚ます50の習慣』

『戦う君と読む33の言葉』

〈かんき出版〉
『死ぬまで仕事に困らないために20代で出逢っておきたい100の言葉』
『人生を最高に楽しむために20代で使ってはいけない100の言葉』
DVD『20代につけておかなければいけない力』
『20代で群れから抜け出すために顰蹙を買っても口にしておきたい100の言葉』
『20代の心構えが奇跡を生む【CD付き】』

〈きこ書房〉

『20代で伸びる人、沈む人』

『伸びる30代は、20代の頃より叱られる』

『仕事で悩んでいるあなたへ 経営コンサルタントから50の回答』


〈技術評論社〉

『顧客が倍増する魔法のハガキ術』


〈KKベストセラーズ〉

『20代 仕事に躓いた時に読む本』

『チャンスを掴める人はここが違う』


〈廣済堂出版〉

『はじめて部下ができたときに読む本』

『「今」を変えるためにできること』

『「特別な人」と出逢うために』

『「不自由」からの脱出』

『もし君が、そのことについて悩んでいるのなら』

『その「ひと言」は、言ってはいけない』

『稼ぐ男の身のまわり』

『「振り回されない」ための60の方法』

『お金の法則』


〈実務教育出版〉

『ヒツジで終わる習慣、ライオンに変わる決断』


〈秀和システム〉

『将来の希望ゼロでもチカラがみなぎってくる63の気づき』


〈新日本保険新聞社〉

『勝つ保険代理店は、ここが違う』


〈すばる舍〉

『今から、ふたりで「5年後のミ」について話をしよう。』

『「どうせ変われない」とあなが思うのは、「ありのままの自分」を受け容くないからだ』


〈星海社〉

『「やめること」からはじさい』

『「あたりまえ」からはじさい』

『「デキるふり」からはじさい』


〈青春出版社〉

『どこでも生きていけるつづく仕事の習慣』

『「今いる場所」で最成果が上げられる100の言葉』


〈総合法令出版〉

『20代のうちに知きたい お金のルール38』

『筋トレをする人ぜ、仕事で結果を出せるのか？』

『お金を稼ぐ人ぜ、筋トレをしているのか？』

『さあ、最高のかけよう』

千田琢哉著作リスト

（2017年8月現在）


『超一流は、なぜ、デスクがキレイなのか?』

『超一流は、なぜ、食事にこだわるのか？』

『超一流の謝り方』

『自分を変える 睡眠のルール』

『ムダの片づけ方』

『どんな問題も解決する すごい質問』

『成功する人は、なぜ、墓参りを欠かさないのか？』


〈ソフトバンク クリエイティブ〉

『人生でいちばん差がつく20代に気づいておきたいたった1つのこと』

『本物の自信を手に入れるシンプルな生き方を教えよう。』


〈ダイヤモンド社〉

『出世の教科書』


〈大和書房〉

『20代のうちに会っておくべき35人のひと』

『30代で頭角を現す69の習慣』

『孤独になれば、道は拓ける。』

『人生を変える時間術』

『やめた人から成功する。』

〈宝島社〉
『死ぬまで悔いのない生き方をする45の言葉』
【共著】『20代でやっておきたい50の習慣』
『結局、仕事は気くばり』
『仕事がつらい時 元気になれる100の言葉』
『本を読んだ人だけがどんな時代も生き抜くことができる』
『本を読んだ人だけがどんな時代も稼ぐことができる』
『1秒で差がつく仕事の心得』
『仕事で「もうダメだ！」と思ったら最後に読む本』

〈ディスカヴァー・トゥエンティワン〉

『転職1年目の仕事術』


〈徳間書店〉

『一度、手に入れたら一生モノの幸運をつかむ50の習慣』

『想いがかなう、話し方』

『君は、奇跡を起こす準備ができているか。』

『非常識な休日が、人生を決める。』

『超一流のマインドフルネス』


〈永岡書店〉

『就活で君を光らせる84の言葉』


〈ナナ・コーポレート・コミュニケーション〉

『15歳からはじめる成功哲学』


〈日本実業出版社〉

『「あなたから保険に入りたい」とお客様が殺到する保険代理店』

『社長！　この「直言」が聴けますか？』

『こんなコンサルタントが会社をダメにする！』

『20代の勉強力で人生の伸びしろは決まる』

『人生で大切なことは、すべて「書店」で買える。』

『ギリギリまで動けない君の背中を押す言葉』

『あなたが落ちぶれたとき手を差しのべてくれる人は、友人ではない。』


〈日本文芸社〉

『何となく20代を過ごしてしまった人が30代で変わるための100の言葉』


〈ぱる出版〉

『学校で教わらなかった20代の辞書』

『教科書に載っていなかった20代の哲学』

『30代から輝きたい人が、20代で身につけておきたい「大人の流儀」』

『不器用でも愛される「自分ブランド」を磨く50の言葉』

『人生って、それに早く気づいた者勝ちなんだ！』

『挫折を乗り越えた人だけが口癖にする言葉』

『常識を破る勇気が道をひらく』

『読書をお金に換える技術』

『人生って、早く夢中になった者勝ちなんだ！』

『人生を愉快にする！超・ロジカル思考』

『こんな大人になりたい！』

『器の大きい人は、人の見ていない時に真価を発揮する。』


〈PHP研究所〉

『「その他大勢のダメ社員」にならないために20代で知っておきたい100の言葉』

『好きなことだけして生きていけ』

『お金と人を引き寄せる50の法則』

『人と比べないで生きていけ』

『たった1人との出逢いで人生が変わる人、10000人と出逢っても何も起きない人』

『友だちをつくるな』

『バカなのにできるやつ、賢いのにできないやつ』

『持たないヤツほど、成功する！』

『その他大勢から抜け出し、超一流になるために知っておくべきこと』

『図解「好きなこと」で夢をかなえる』

『仕事力をグーンと伸ばす20代の教科書』

『君のスキルは、お金になる』

『もう一度、仕事で会いたくなる人。』


〈藤田聖人〉

『学校は負けに行く場所。』

『偏差値30からの企画塾』

『「このまま人生終わっちゃうの？」と諦めかけた時に向き合う本。』


〈マネジメント社〉

『継続的に売れるセールスパーソンの行動特性88』

『存続社長と潰す社長』

『尊敬される保険代理店』


〈三笠書房〉

『「大学時代」自分のために絶対やっておきたいこと』

『人は、恋愛でこそ磨かれる』

『仕事は好かれた分だけ、お金になる。』

『1万人との対話でわかった 人生が変わる100の口ぐせ』

『30歳になるまでに、「いい人」をやめなさい！』


〈リベラル社〉

『人生の9割は出逢いで決まる』

『「すぐやる」力で差をつけろ』

千田《せんだ》 琢哉《たくや》

文筆家。

愛知県犬山市生まれ、岐阜県各務原市育ち。

東北大学教育学部教育学科卒。

日系損害保険会社本部、大手経営コンサルティング会社勤務を経て独立。

コンサルティング会社では多くの業種業界における大型プロジェクトのリーダーとして戦略策定からその実行支援に至るまで陣頭指揮を執る。

のべ 3,300 人のエグゼクティブと 10,000 人を超えるビジネスパーソンたちとの対話によって得た事実とそこで培った知恵を活かし、“タブーへの挑戦で、次代を創る”を自らのミッションとして執筆活動を行っている。

著書は本書で 145 冊目。

●ホームページ：http://www.senda-takuya.com/

成功する人は、なぜ、墓参りを欠かさないのか？

2017年 8月15日　初版発行

著　者　千田 琢哉

発行者　野村 直克
装　丁　大場 君人
本文デザイン　土屋 和泉
発行所　総合法令出版株式会社
〒103-0001
東京都中央区日本橋小伝馬町15-18
ユニゾ小伝馬町ビル9階
電話　03-5623-5121(代)

印刷・製本　中央精版印刷株式会社

ISBN978-4-86280-566-9
落丁・乱丁本はお取替えいたします。
総合法令出版ホームページ　http://www.horei.com/